Marie Sonnleitner

Reiterhof Glückstal

Windmähnen und Wiesenblumenträume

Seit Marie Sonnleitner denken kann, hat sie nur Pferde im Kopf. Sie reitet seit ihrem 13. Lebensjahr; 20 Jahre lang gehörten ihr zwei Haflingerstuten. Nach Abschluss ihres Studiums machte sie zunächst eine Ausstellung in einem Pferdemuseum und arbeitete für einen großen deutschen Pferdezuchtverband. Danach wurde sie Pferde-Fachjournalistin.

Marie Sonnleitner

Reiterhof Glückstal

Windmähnen und Wiesenblumenträume

Arena

Ebenfalls von der Autorin beim Arena Verlag erschienen:
Reiterhof Glückstal (1) Heubodentage und Lagerfeuernächte

FSC
www.fsc.org
MIX
Papier aus verantwortungsvollen Quellen
FSC® C110508

1. Auflage 2019

Einbandgestaltung: Katrin Steigerwald, unter Verwendung von Motiven von fotolia: elenamedvedeva, Bianca, estherpoon, Katjabakurova, katyakatya
Gesamtherstellung: Westermann Druck Zwickau GmbH
ISBN 978-3-401-60462-6

I

Im Elfenland

Steh auf, Hanna! Das musst du sehen.«

Ist das echt mein Vater?

Erstaunt öffne ich die Augen. Dass mich mal mein Papa weckt und nicht Caruso, der nervige Hahn vom Reiterhof Glückstal, ist wirklich ein Ding.

Das heißt ... Wenn ich mich recht erinnere, hat sich Caruso heute Morgen schon gemeldet: Um Viertel nach sechs hat er gekräht, als ginge es um sein Leben. Aber ob man's glaubt oder nicht: Ich bin noch mal eingeschlafen. Vielleicht gewöhne ich mich ja endlich an ihn. Das wäre ein echter Fortschritt. Schließlich wohne ich schon seit mehr als acht Monaten hier in Gessenhausen, dem gefühlt kleinsten Dorf in Oberbayern.

Genau genommen, liegt Gessenhausen am Waginger See, in Sichtweite der Alpen. Aber bevor man dort ist, muss man erst mal auf einer schmalen Asphaltstraße einen düsteren Wald durchqueren. Danach stellt man unweigerlich fest, dass das sogenannte Dorf nur aus ein paar wenigen Häusern und Bauernhöfen besteht. Es hat seine Zeit gebraucht, bis ich kapiert habe, dass es hier trotzdem wunderschön ist.

Mein müder Blick fällt auf den Wecker.

Oh, jetzt muss ich wirklich aufstehen! Schon in einer Stunde bin ich mit Mia und Philipp auf dem Hof Glücks-tal verabredet. Nur gut, dass Papa mich gerufen hat. Fragt sich nur: Was will er mir so Besonderes zeigen? Er klang so begeistert ...

»He, du Schlafmütze! Mach endlich die Augen auf!«

Die Ungeduld in seiner Stimme weckt mich endgültig. Gähnend wuchte ich mich hoch, schleppe mich zur Zimmertür, mache sie auf und stecke meinen Kopf hindurch. Er steht im Flur an dem Fenster, von dem aus man über die Wiesen hinter unserem kleinen Haus bis zum Wald sehen kann. Was ist da los?

So schnell, wie es meine müden Beine hergeben, tapse ich zu ihm hinüber.

»Schau mal«, sagt er, noch bevor ich richtig bei ihm bin, und zeigt nach draußen.

Noch ein Schritt, dann sehe ich es auch. Ist das schön! Über die Wiesen fließt feiner Bodennebel. Wie ein Schleier bedeckt er das üppige Gras und die blühenden Spätsommerblumen. Darüber, am blaugrauen, wolkenlosen Himmel, geht glühend rot die Sonne auf.

Der Anblick hat etwas so Unwirkliches, dass man beinahe glauben könnte, wir wären mitsamt unserem Häuschen in einem verwunschenen Feenreich gelandet. Begeistert drücke ich mir die Nase an der Fensterscheibe platt und stelle mir vor, wie dort unten an dem kleinen Bach einige Elfen zu einer leisen Melodie tanzen. Versteckt in den Büschen am Waldrand, stehen ein paar Rehe und ein Fuchs. Gebannt lauschen sie der Musik ... Dann tritt aus der Dunkelheit des Waldes ein wunderschönes weißes Einhorn ...

Da stellt mein Vater unvermittelt fest: »Es scheint allmählich Herbst zu werden.«

Mannomann! Wie kann man bei diesem Anblick nur so sachlich bleiben?

Unwillig widerspreche ich: »Es ist Ende August.«

»Na klar. Aber hier liegt oft schon im November Schnee. Da muss der Sommer ja wohl ziemlich früh zu Ende gehen, sonst würde es doch nicht so schnell kalt«, erklärt er.

»Meinetwegen«, brumme ich frustriert, denn gerade wird mir klar, dass die Zeit, in der wir mit den Pferden im Wasser planschen können, nun bestimmt ziemlich schnell vorbeigehen wird.

Aufmunternd stupst er mich mit dem Ellenbogen an. »Tröste dich! Der nächste Sommer kommt bestimmt.«

»Ja, Gott sei Dank«, murmele ich.

»Warte doch einfach mal ab, wie schön hier der Winter sein kann«, ermutigt er mich.

Ich werfe ihm einen zweifelnden Blick zu.

»So, und jetzt ab unter die Dusche!«, drängelt er. »Ich hab zwar schon gefrühstückt, aber heute ist ja Samstag. Darum kann ich mit dir noch eine Tasse Kaffee trinken, bevor du mal wieder zu deinen geliebten Haflingern abrauschst. Möchtest du vielleicht ein gekochtes Ei, frisch von Oma Leitmayrs Hühnern? Vera hat mir gestern Nachmittag welche vorbeigebracht.«

»Oh ja, bitte«, antworte ich und mache mich auf den Weg in Richtung Bad. Dort werfe ich meinen Schlafanzug auf den Wäschekorb, steige in die Dusche und lasse mir das warme Wasser übers Gesicht laufen.

Wie ich mich auf diesen Tag freue! Gleich heute Morgen wollen wir nämlich ausreiten. Vielleicht liegt dann ja immer noch dieser zauberhafte Nebel über den Wiesen. Und wer weiß …?

Aber nein, Hanna, es gibt keine Einhörner, ermahne ich mich. Nicht mal in diesem ultrakleinen Dorf am gefühlten Ende der Welt. Dafür gibt es aber gleich hier nebenan einen ganzen Stall voller bildschöner, superlieber Haflinger, die du glücklicherweise reiten darfst. Außerdem wartet dort eine total nette Freundin namens Mia auf dich. Und in weniger als einer Stunde wirst du dort sein!

»Brrr!« Als ich aus dem Haus trete, bildet mein Atem kleine Dampfwölkchen in der kühlen, nebligen Luft.

»Papa scheint mit seiner Herbstprognose recht zu haben«, murmele ich und ziehe mir schnell mein Sweatshirt über.

Oma Leitmayr steht schon vor dem Tor vom Hof Glückstal und kehrt den Bürgersteig. »Guat'n Morg'n, Hanna!«, grüßt sie mich gut gelaunt.

»Hallo!« Ich winke ihr zu. »Ganz schön kühl heute, oder?«

Ungerührt zuckt sie die Achseln. »Das is' hier öfter so im Spätsommer.«

Ich will die Haustür hinter mir schließen, doch da höre ich Papas Stimme: »Warte! Ich komme mit.«

Was will er denn auf dem Hof Glückstal?, überlege ich und schaue ihn fragend an.

»Ach so, das hab ich dir ja noch gar nicht erzählt«, erinnert er sich und nimmt seinen Anorak vom Haken.

Ich gehe zurück ins Haus und schließe die Tür.

»Einer meiner Studenten, Gregor Holzner, will seine Abschlussarbeit über das Verhalten von Pferden schreiben«, beginnt er, während er sich die Jacke überstreift. »Dafür hat er sich die Haflinger auf dem Hof Glückstal ausgesucht … Sag mal, hast du vielleicht meinen Hausschlüssel gesehen?«

»Eine Forschungsarbeit über Veras Pferde? Du machst Witze«, wundere ich mich.

Aber er nickt. »Doch, doch. Genau genommen, geht's um die halbjährigen Fohlen. Vera hat sie ja erst gestern von ihren Müttern getrennt. Nun wird Gregor sie beobachten, um herauszufinden, wie sie alleine zurechtkommen, wie sich unter ihnen eine neue Herdenstruktur bildet und so weiter. Dafür wird er drei Wochen lang in Veras Ferienpension wohnen … Menschenskind, wo ist denn nur dieser blöde Schlüssel?«

»Der ist dir gerade aus der Hosentasche gefallen«, informiere ich ihn. »Aber von dieser Arbeit hättest du mir wirklich früher erzählen können.«

Er bückt sich und schnappt sich den Schlüssel. »Na ja. Ursprünglich hatte Gregor ein anderes Thema, aber die Finanzierung dafür ist im letzten Moment geplatzt. Und danach ist alles sehr schnell gegangen. Sein Zimmer auf dem Hof Glückstal haben wir erst gestern endgültig angemietet. Da hatte die Uni gerade die Fördergelder freigegeben.«

»Ach so.« Ich öffne die Haustür wieder und wir gehen hinaus. »Nur gut, dass Vera noch ein Zimmer frei gehabt hat. Immerhin sind hier in Bayern noch bis Mitte September Sommerferien.«

Papa zuckt die Achseln. »Wenn das Geld nicht rechtzeitig bewilligt worden wäre, hätte er halt ein paar Nächte bei uns auf dem Sofa schlafen müssen.«

»Vielleicht wäre er uns dann ja so dankbar gewesen, dass er jeden Abend für uns gekocht hätte«, meine ich ironisch.

Papa lacht. »Das wäre wirklich zu schön, um wahr zu sein.«

Wir gehen durch das große Tor auf den Hof Glückstal. Philipp, Veras Sohn, kommt uns vom Wohnhaus aus entgegen und nickt uns grüßend zu.

»Hi«, begrüße ich ihn. »Sag mal, ist …«

Eigentlich wollte ich nach Mia fragen, meiner besten Freundin. Aber da unterbricht mich ein lang gezogenes Quieken. Ich schaue mich um und sehe, dass Erna, die zahme Sau der Leitmayrs, im Schweinsgalopp auf mich zurast. Im letzten Moment bremst sie scharf vor mir ab, doch auf den feuchten Pflastersteinen kommt sie ins Rutschen, schlittert mit einem entsetzten Grunzen weiter und knallt derart heftig gegen mich, dass ich der Länge nach auf dem Boden lande.

Es dauert eine Schrecksekunde, bis mir klar wird, dass Erna über mir steht und mit ihrer feuchten Schnauze in mein Gesicht stupst.

»Erna, du bist wirklich ein Schwein!«, schimpft Philipp und packt die überschwängliche Sau an ihrem Halsband. »Na warte, zur Strafe sperre ich dich in eine Pferdebox!«

Energisch zieht er sie zurück, überhört ihr protestierendes Quieken und zerrt sie mit entschlossenen Schritten in Richtung Stall. Grinsend richte ich mich auf und rufe ihm nach: »Spar dir die Mühe! Erna wird sich sowieso ganz schnell wieder befreien, so wie immer!«

»Na klar!«, ruft er zurück. »Trotzdem soll sie wissen, dass sie sich danebenbenommen hat.«

Papa beugt sich über mich. »Ist auch alles in Ordnung mit dir?«

»Keine Sorge«, erkläre ich, stehe langsam auf und sehe, dass meine Reithose total schmutzig geworden ist.

So 'n Mist!, denke ich kopfschüttelnd. Gestern Abend erst hab ich meine Reitklamotten in die Waschmaschine gesteckt und jetzt sind sie schon wieder dreckig.

Philipp kommt gerade aus dem Pferdestall zurück und so kann ich ihm endlich meine Frage stellen: »Mia ist noch nicht hier, oder?«

»Nö«, antwortet er und zuckt die Achseln. »Schläft bestimmt noch.«

Ich runzele die Stirn. Was die beiden angeht, weiß ich im Moment nämlich überhaupt nicht, was ich denken soll. Erst vor ein paar Tagen hat Philipp zugegeben, dass er sich in Mia verliebt hat. Doch die hat sich total unglücklich in Veras Urlaubsgast Jan Wagenbauer verknallt. Der ist aber inzwischen mit Leonie Falkmann zusammen, die ebenfalls ihre Ferien auf dem Hof Glückstal verbracht hat. Seit die beiden abgereist sind, hat sich Mia zwar wieder ein bisschen gefangen, aber ich weiß genau, dass sie Jan immer noch nachtrauert. Philipp dagegen ist wortkarg wie immer und er verhält sich Mia gegenüber genau wie früher, als er nur ihr allerbester Kumpel war. Überhaupt tut er so, als wäre nie was gewesen. Und so frage ich mich: Ist er einfach nur zu stolz, um sich anmerken zu lassen, wie frustriert er ist? Oder hat sich das mit seiner Verliebtheit schon wieder gegeben?

Ehrlich gesagt: Das fände ich schade. Ich glaube nämlich, dass die beiden eigentlich total gut zusammenpassen. Aber was soll ich machen?

Papas Stimme reißt mich aus meinen Gedanken. »Ich geh dann schon mal ins Haus«, erklärt er und stapft auch gleich los.

Warum hat er's denn so eilig? »He, warte mal!«, rufe ich

ihm nach. »Wann kommt dieser ... dieser Gregor Holzner denn eigentlich?«

»So gegen elf Uhr!«, ruft er mir über die Schulter zu. »Vorher möchte ich mit Vera die Formalitäten regeln, von wegen Zimmermiete, Unfallversicherung und so weiter.«

»Gut, was?«, meint Philipp.

»Das mit der Forschungsarbeit? Ja klar«, stimme ich ihm lächelnd zu.

Er nickt. »Jetzt haben wir für ganze drei Wochen ein Gästezimmer vermietet.«

Für die Leitmayrs ist das sehr wichtig, denn im nächsten Frühjahr soll es mit der Renovierung ihres Wohnhauses losgehen. Das ist sehr groß und außerdem mehrere Hundert Jahre alt; vorletzte Woche war deswegen sogar ein Architekt von der Denkmalbehörde zu Besuch. Danach hat Oma mir erzählt, dass sie beim Anblick seines Kostenvoranschlages erst mal ein Stoßgebet losgelassen hätte.

»Doch mit der Unterstützung vom Denkmalamt, einem Zuschuss vom Land Bayern und uns'ren Einnahmen von der Ferienpension werd'n wir's schon irgendwie schaff'n«, hat sie gemeint. Ihre Worte klangen aber nicht wirklich zuversichtlich, sondern eher wie ein zweites Gebet.

»Puh! Jetzt hab ich's doch noch halbwegs pünktlich geschafft.«

Das ist Mias Stimme! Ich schaue mich um und sehe sie mit rotem Kopf durchs Hoftor kommen.

»Verschlafen?«, grinst Philipp.

»Von wegen«, schnauft sie. »Ich musste meinen Eltern beim Zwetschgenernten helfen. Na, wenigstens vor Omas und Mamas anschließender Einmach-Orgie hab ich mich drücken können.«

Da kann ich ja wohl echt froh sein, dass wir in unserem Minigarten keine Obstbäume haben und ich nur den Frühstückstisch abräumen und die Spülmaschine leer machen musste.

Aber Mia sieht das Ganze positiver. »Na gut, wenigstens hab ich mich durch das Obstpflücken und Körbeschleppen schon ein bisschen aufgewärmt.«

»Da hast du recht«, stimme ich ihr zu. »Heute Morgen ist es aber auch wirklich kalt.«

»He! Wir haben doch immerhin Ende August«, widerspricht sie mir.

»Ja eben. Ist halt ganz normal«, unterstützt sie Philipp.

Ich verdrehe die Augen. »Jetzt sagt ihr das auch noch! Wie soll das denn erst werden, wenn es hier richtig Herbst wird?«

Mia grinst. »Warte erst mal den Winter ab! Im Januar hat's hier manchmal unter zwanzig Grad minus.«

»Wie bitte?« Entsetzt starre ich sie an.

»Man gewöhnt sich dran«, behauptet Philipp.

»Außerdem ist die Kälte spätestens Ende März schon wieder vorbei«, tröstet mich Mia.

Vor Schreck muss ich ganz tief durchatmen.

»Ende März? Schon? Ich fasse es nicht!« Am liebsten hätte ich das laut gesagt. Aber dann würden Mia und Philipp mich bestimmt auslachen.

»Wie wär's, wenn wir schon mal mit dem Putzen der Pferde anfangen?«, schlägt Mia vor. »Philipp, sollen wir dein Putzzeug gleich mitbringen?«

»Hm, ja danke«, antwortet er. »Dann hole ich den Wotan aus dem Stall.«

Eilig schleppen wir Halfter, Führstricke und drei Putzkästen aus der Sattelkammer. Danach geht's endlich zu den Pferden.

Sobald wir den Stall betreten, fängt Merry an zu wiehern. Gleichzeitig klopft sie mit ihrem Vorderhuf gegen die Boxentür, und das macht so einen Krach, dass ich das freudige Grummeln von meinem Schatz Samantha mehr ahnen als hören kann. Aber ich sehe, dass ihre großen dunklen Augen freudig glänzen.

Wie schön sie ist!, stelle ich wohl zum tausendsten Mal in den letzten Monaten fest. Mit ein paar schnellen Schritten bin ich bei ihr, lege meine Arme um ihren Hals, drücke mein Gesicht in ihre lange weiße Mähne und bleibe eine Weile so stehen.

Erst als sie mich mit ihren weichen Nüstern anstupst, lasse ich sie wieder los. »Du möchtest eine Möhre haben, stimmt's?« Lächelnd ziehe ich die obligatorische Begrüßungskarotte aus der Anoraktasche und halte sie ihr hin. Während sie die krachend zerkaut, ziehe ich ihr vorsichtig das Halfter über, dann befestige ich den Führstrick daran und öffne die Boxentür.

»Komm, mein Schatz!«, fordere ich sie auf. Wie immer folgt sie mir, ohne zu zögern.

Auf dem Hof binde ich sie an und beginne sofort mit dem Striegeln.

Wie lieb ich dich habe!, denke ich dabei voller Zärtlichkeit. So gern wie dich hab ich noch kein anderes Pferd gehabt. Dabei reite ich schon seit einigen Jahren.

Aber vielleicht ist mein Glück in Gefahr. Bald wird nämlich noch ein Gast für Veras Pension anrücken. Lilly von Kayersburg heißt die junge Dame. Sie ist eine echte Adelige; angeblich wohnt sie sogar in einem richtigen Schloss.

Und wer weiß, vielleicht wird sie mir für die nächsten zwei Wochen sogar meine Samantha wegnehmen. Die ist nämlich die schönste Stute in Veras Stall und außerdem eine der bravsten. Das merkt bestimmt auch diese Lilly von-und-zu ganz schnell. Immerhin besitzen ihre Eltern ein Gestüt mit richtigen Vollblutarabern. Da versteht sie mit Sicherheit eine Menge von Pferden.

Aber was soll ich machen? Vera braucht nun mal das Geld aus der Pension. Wenn sie die Renovierung nicht finanzieren kann, muss sie ihren Hof mitsamt ihren Pferden verkaufen. Also auch Samantha. Und das wäre so schlimm, dass ich gar nicht darüber nachdenken darf! Darum gilt: Was immer diese Lilly tun wird, ich muss es hinnehmen. Aber bis sie hier ankommt, werde ich jeden Ausritt und jedes Zusammensein mit meiner Samantha ganz besonders genießen.

Eine Viertelstunde später beginnt mein erster Ausritt im Nebel. Als wir, begleitet von Veras Hund Wuschel, im Schritt Gessenhausens Hauptstraße entlangreiten, bin ich glatt ein bisschen aufgeregt. Die Sonne steht jetzt schon hoch am Himmel und sie beginnt, den feuchten Dunst aufzulösen. Trotzdem wabern noch große Nebelseen zwischen den Obstbäumen in den Gärten der Bauernhöfe und über den Wiesen am Rande des Dorfes. Alles wirkt immer noch wie verzaubert.

Also ich würde mich kein bisschen wundern, wenn uns heute wirklich ein Einhorn begegnen würde, denke ich, als wir das Ortsschild hinter uns gelassen haben. Ich muss unbedingt ein paar Fotos machen!

Eifrig ziehe ich mein Handy aus der Anoraktasche und lege los.

»Was machst du denn da?«, fragt Mia.

»Ich fotografiere diese superromantische Nebellandschaft«, erkläre ich. »Die schönsten Bilder möchte ich später an meine Freundinnen in meiner alten Heimat schicken. Wenn ich denen nur davon schreibe, glauben die mir nämlich kein Wort.«

»Ehrlich?«, wundert sie sich.

»Doch klar«, bekräftige ich. »Bei denen gibt es so was nur ganz selten, eigentlich so gut wie nie. Die können sich bestimmt gar nicht vorstellen, wie schön es ist, wenn man dabei auch noch ausreitet.«

»Gut, dass du jetzt hier bist«, findet Philipp, der wie immer Veras Zuchthengst Wotan reitet.

Ich lache. »Ach ja? Ich hab eher Angst, dass ich in den nächsten Monaten tiefgekühlt werde.«

»So schlimm wird's schon nicht werden«, grinst er.

Vielleicht hat er ja recht. Außerdem ist es bis zum Winter noch ein bisschen hin.

Inzwischen hat die Sonne auch schon dafür gesorgt, dass die Temperaturen allmählich wieder sommerlich warm werden. Als wir auf einen breiten Feldweg abbiegen, ziehe ich mir endgültig mein Sweatshirt aus und binde es mir um die Hüften. Auch den Pferden wird es jetzt mit Sicherheit ordentlich warm, denn wir legen einen so schnellen und ausgedehnten Trab ein, dass sogar Wuschel zu hecheln anfängt. Trotzdem schaue ich mich immer wieder fasziniert um. Wie unwirklich die Blumen und die grünen Grashalme wirken, die jetzt vorwitzig ihre Blüten und Blätter durch den Nebel strecken!

Als wir nach einem längeren Galopp wieder langsamer werden, entdecke ich zwischen den letzten dahinziehenden

Dunstseen eine braun-weiß gefleckte Katze, die nur ein paar Meter von uns entfernt herumstreift, dann ein Reh, das am Waldrand steht und uns neugierig beobachtet. Lange Zeit kreist über uns ein Raubvogel.

Weil wir nun wieder Schritt reiten, schieße ich noch ein paar Fotos.

Nein, sage ich mir dabei. Ohne diese Bilder würden mir meine Freundinnen nie und nimmer abkaufen, wie schön es hier ist. Früher hätte ich das ja selbst kaum geglaubt.

Als wir wieder am Hof Glückstal ankommen, ist es schon fast Mittag und der Nebel hat sich endgültig aufgelöst. Wuschel trabt sofort zu einem vollen Wassereimer, um schlabbernd zu trinken.

Ich hab auch großen Durst. Aber zuerst müssen wir unsere Haflinger versorgen. Wir satteln sie ab, waschen ihnen mit Schwämmen und warmem Wasser den Schweiß aus dem Fell und kratzen ihnen die Hufe aus. Danach lege ich meine Arme um Samanthas Bauch und lehne meine Wange an ihr Fell. Sie ist nämlich tragend und ich versuche immer wieder, eine Bewegung ihres Fohlens zu spüren. Bis jetzt hab ich das allerdings noch nicht geschafft – leider!

Auf Samanthas Fohlen bin ich echt gespannt. Es soll schon Ende Februar zur Welt kommen und die Leitmayrs wollen mich rufen, sobald die Wehen einsetzen. Bei einer Fohlengeburt bin ich bis jetzt noch nie dabei gewesen!

Gleichzeitig mache ich mir aber auch ein bisschen Sorgen um meinen Liebling. Was ist, wenn bei der Geburt etwas schiefläuft, wenn Samanthas Fohlen stirbt oder wenn sogar …? Oh Mann! Darüber darf ich gar nicht nachdenken!

Vor ein paar Tagen hab ich trotzdem mal mit Vera darüber gesprochen. Aber die ist bemerkenswert cool geblieben.

Jedes Jahr kämen bei ihr mehrere Fohlen zur Welt, hat sie geantwortet. Und ja, manchmal würde tatsächlich eines bei der Geburt oder kurz danach sterben. Selten würde eine Stute sogar Zwillinge zur Welt bringen, und das sei besonders kritisch. Aber den Müttern würde meistens nichts passieren. Außerdem sei Samantha besonders gesund und stark; beim Abfohlen hätte es bei ihr noch nie Probleme gegeben. Darum bräuchte ich mir wirklich keine Gedanken zu machen.

Sie hat gut reden, denke ich, während ich die Putzsachen zusammenräume. Immerhin hat sie in der Pferdezucht Routine. Ich dagegen hab keine Ahnung. Ist doch kein Wunder, dass ich nervös bin.

Ich binde Samantha los, führe sie in den Stall und gebe ihr eine Belohnungsmöhre. Danach stehe ich noch eine Weile an ihrer Box und schaue zu, wie sie ein paar Schluck Wasser aus der Selbsttränke nimmt und dann in aller Ruhe ihr Mittagsheu frisst.

»Bis gleich, mein Schatz«, sage ich schließlich zu ihr. »Nachher bringe ich dich auf die Weide. Dann kannst du in der Sonne herumspazieren und am Gras knabbern.«

Bestimmt wird sie sich auch wälzen, denke ich und muss grinsen. Das sieht nämlich immer so lustig aus: Mit einem wohligen Seufzer knickt sie mit den Vorderbeinen ein, lässt sich auf den Boden plumpsen, legt sich mit angezogenen Beinen auf den Rücken und dreht sich mit einem geradezu genießerischen Gesichtsausdruck hin und her.

Ich hab keine Ahnung, was die Pferde am Wälzen so schön finden. Eigentlich machen sie sich dabei doch nur grauenhaft dreckig.

Noch einmal werfe ich der friedlich an ihrem Heu kauenden Stute einen Blick zu, dann gehe ich zurück in den Hof.

Hoffentlich hat Papa uns was Ordentliches gekocht, denke ich, weil mein Magen inzwischen heftig knurrt.

Als ich das Tor fast erreicht habe, bleibe ich stehen und werfe einen Blick auf mein Handy. Na gut, es ist immerhin schon ein Uhr sechsundfünfzig. Und um zwei Uhr sollte definitiv das Essen fertig sein.

Da öffnet sich die Türe des Wohnhauses und ein mir unbekannter junger Mann kommt heraus. Das muss Gregor Holzner sein. Ich grinse, denn mit seinem hellblonden Bart, dem dunkelgrünen Parka, den ausgewaschenen Jeans und den knöchelhohen Wanderschuhen wirkt er ein bisschen wie ein Holzfäller aus Kanada.

Jetzt hat er mich auch gesehen. »Hallo!«, grüßt er und kommt die Treppe herunter auf mich zu.

»Guten Tag«, sage ich und ärgere mich ein bisschen, weil das mit Sicherheit zu förmlich war.

»Gregor Holzner, aber nenn mich doch bitte Greg«, stellt er sich vor. »Du bist bestimmt Hanna, die Tochter von Professor Wertheimer. Er hat mir gesagt, dass ich dich wohl um kurz vor zwei hier treffen würde.« Dann streckt er mir die Hand hin.

»Stimmt genau.« Lächelnd ergreife ich sie und drücke etwas fester zu.

Greg ist seit Langem Papas erster Student, den ich zu Gesicht bekomme. Darum fühle ich mich ein bisschen unsicher. Zwar bringt mein Vater ab und zu mal irgendwelche Leute aus der Uni mit nach Hause, aber normalerweise sind das Doktoren oder Professoren, also ziemlich langweilige Typen in fortgeschrittenem Alter. Greg dagegen ist schätzungsweise Anfang zwanzig und mindestens einen Meter neunzig groß. Ich finde, dass er mit seinen breiten Schultern und den blitzenden hellgrauen Augen ziemlich gut aussieht.

»Nimmst du mich mit zu dir nach Hause?«, fragt er. »Dein Vater war nämlich so nett, mich heute zum Mittagessen einzuladen.«

Na prima, dann gibt's heute garantiert was Gutes. »Ja klar. Komm einfach mit«, erkläre ich und marschiere los. Als wir uns unserem Haus nähern, kann ich riechen, dass Papa Spaghetti mit Lachssoße kocht.

Wunderbar, das ist mein Lieblingsgericht!, denke ich, schließe die Tür auf und rufe: »Hallo, Papa! Wir sind da!«

»Genau rechtzeitig«, antwortet er aus der Küche. »Ich bin gerade fertig geworden. Wie wär's, wenn du dich trotzdem noch schnell umziehst, Hanna? Sonst riecht es gleich beim Essen nach gebratenem Pferd mit Fischsoße.«

»Uh!«, mache ich, denn seine Bemerkung war alles andere als appetitanregend. »Bin schon unterwegs.«

Typisch Papa!, denke ich, während ich die Reitstiefel abstreife und meinen Anorak in die Garderobe hänge. Dann gehe ich schnell die Treppe hoch in mein Zimmer, ziehe mir die schmutzigen Klamotten aus ... und überlege eine Weile, was ich anziehen soll.

»Hm ... Die neue Jeans wäre ganz gut«, murmele ich und nehme die Hose mit den aufgestickten rosa Blumen vom Bügel.

Jetzt noch ein sauberes T-shirt. Vielleicht das graue mit den Rosen? Es passt ganz gut zu meiner Jeans. Oder besser das blaue mit den Pferden? Wäre auch okay. Die Mickymaus auf dem rosa Shirt findet Greg bestimmt albern.

Also gut, ich nehme das mit den Pferden. Immerhin ist er ja hier, um Haflingerfohlen zu beobachten. Noch schnell ein paar passende Socken und frische Unterwäsche, damit ich nicht doch noch nach Stall rieche.

Auweia, mein Magen knurrt, und wie! Hoffentlich passiert mir das nicht, wenn wir gleich am Tisch sitzen.

Eilig streife ich die frischen Sachen über, stecke meine Füße in die Hausschuhe und bürste mir über die Haare. Dann laufe ich die Treppe hinunter.

Aber auf der vorletzten Stufe bleibe ich stehen, denn jetzt knurrt mein Magen so richtig laut. Wenn das mal bloß keiner gehört hat!

Bevor ich weitergehe, warte ich vorsichtshalber ein paar Atemzüge lang ab. Doch mein hungriger Bauch scheint seinen Protest gnädigerweise eingestellt zu haben. Wenigstens für den Moment.

Möglichst unauffällig checke ich die Lage, als ich das Esszimmer betrete. Die dampfende Schüssel mit Nudeln und Lachssoße steht schon auf dem Tisch. Dazu gibt es Salat. Und wenn ich die Glasschüsselchen auf der Kommode richtig interpretiere, hat mein Vater sogar einen Nachtisch gemacht. Das will bei ihm echt was heißen. Scheint, als würde er große Stücke auf Greg halten.

Der bringt gerade die Saftgläser herein und stellt sie neben die Teller. Dann schenkt uns Papa Apfelsaftschorle ein und wir setzen uns.

Das Lächeln, das Greg dabei aufsetzt, sieht ziemlich verlegen aus. Na gut, bestimmt ist es gar nicht so einfach, wenn man bei seinem Professor zum Essen eingeladen ist. Andererseits ist Greg aber schon lange erwachsen!

»Bitte bedienen Sie sich«, fordert Papa ihn auf.

Mit mühsam unterdrückter Ungeduld warte ich, bis wir mit dem Essen anfangen können. Die ganze Zeit über hab ich Angst, dass mein Magen wieder laut zu knurren anfängt. Das wäre mir so was von oberpeinlich!

Zum Glück entgehe ich dieser mittleren Katastrophe und darf mir endlich die erste volle Gabel in den Mund schieben.

»Schmeckt echt gut«, bemerkt Greg nach ein paar Bissen.

Das war bestimmt nicht nur höflich gemeint. Ich hab ihn nämlich heimlich beobachtet und er machte ganz den Eindruck, als hätte er fast so viel Hunger wie ich.

»Danke«, sagt mein Vater. »Wie gefällt's Ihnen denn auf dem Hof Glückstal?«

»Sehr gut«, meint Gregor, während er gekonnt ein paar Spaghetti um seine Gabel dreht. »Das ist so ein uralter, gemütlicher Bauernhof! Und dann die Pferde ... Wotan, der Zuchthengst, ist ein toller Bursche und die halbjährigen Fohlen sind wirklich niedlich. Außerdem hab ich ein großes Zimmer mit einer schönen Aussicht auf den Wald und die Berge. Wenn ich bedenke, dass ich sonst im Schlafsack und mit einer Taschenlampe im kalten Pferdestall hätte schlafen müssen ...«

Oder auf unserem Sofa, denke ich und schaue auf meinen Teller, damit er mein Grinsen nicht sieht. Dort würde der große Kerl nämlich mit Sicherheit kalte Zehen kriegen, weil seine Füße garantiert über die Lehne hinausreichen.

»Wo wohnst du eigentlich normalerweise?«, frage ich ihn.

Er nimmt einen Schluck Apfelsaftschorle. »In Freilassing, bei meinen Eltern. Dadurch ist mein Studium um einiges billiger und bis Salzburg ist es ja nicht weit.«

Klar. Freilassing liegt direkt an der Grenze zu Österreich und gleich dahinter fängt schon die Stadt Salzburg an.

»Ich hätte für meine Forschungsarbeit auch zu Hause

übernachten können«, ergänzt er. »Aber weil ich die Fohlen auch nachts und am frühen Morgen beobachten will, ist es so erheblich besser.«

Ich greife nach meinem Glas. »Kennst du dich denn mit Pferden aus?«

Zuerst nickt er nur, weil er gerade auf ein paar Salatblättern herumkaut. »Ja«, erklärt er dann. »Meine Großeltern besitzen einen Bauernhof in Piding. Solange ich denken kann, haben sie immer mindestens zwei Süddeutsche Kaltblüter gehabt. Heute noch fahre ich öfter dorthin, um ihre Pferde zu reiten.«

Bald darauf fangen die beiden eine fachliche Diskussion über Herdenstrukturen an. Dabei benutzen sie Unmengen von Fremdwörtern und sie kommen von den Pferden zu den Schafen, dann auf die Rinder und schließlich zu den Menschenaffen. Irgendwann höre ich ihnen nicht mehr zu. Und als wir mit dem Essen fertig sind, lasse ich sie weiter fachsimpeln, räume das Geschirr ab und befülle die Spülmaschine. Danach reden und reden sie immer noch; sie werfen mit den wildesten Fachausdrücken um sich und scheinen gar nicht zu merken, dass ich noch da bin. Also verabschiede ich mich und verdrücke mich auf mein Zimmer, um ein bisschen im Internet zu surfen.

Irgendwann höre ich Stimmen im Flur. Dann öffnet sich klackend die Haustür.

Greg scheint uns zu verlassen, denke ich, stehe auf und gehe zum Fenster. Von dort aus sehe ich, wie er mit den Händen in den Hosentaschen zurück zum Hof Glückstal spaziert.

Er sieht nicht schlecht aus, denke ich. Und nett scheint er auch zu sein. Schade nur, dass er schon Anfang zwanzig ist!

2

Weiche Knie und Herzrasen

Am nächsten Morgen schlafe ich mal richtig aus. Trotz Caruso, der um kurz nach sechs unverdrossen seine Arien kräht, krieche ich erst um zwanzig nach neun endgültig aus den Federn.

»Jetzt wird's aber höchste Zeit«, murmele ich gähnend. Um zehn Uhr bin ich nämlich mit Mia und Philipp zum Reiten verabredet.

Ein Blick aus dem Fenster zeigt mir, dass es statt des zauberhaften Nebels von gestern heute Morgen leider Regen gibt. In der letzten Nacht muss es ziemlich gegossen haben, denn auf den Wiesen stehen kleine Wasserpfützen. Der Himmel hängt immer noch voll grauer Wolken, aus denen jetzt aber nur noch dünner Nieselregen fällt.

Puh! Wir werden unseren Ausritt wohl auf den Nachmittag verschieben müssen und der Vormittag besteht aus Ställe-Ausmisten und Boxen-Kehren. Aber, na gut, das hätten wir heute sowieso irgendwann gemacht. »Erst die Arbeit, dann das Vergnügen«, brumme ich und gehe in Richtung Bad.

Während ich den Flur überquere, fällt mir auf, dass es für einen Sonntagmorgen merkwürdig still im Haus ist. »Papa?!«, rufe ich.

Keine Antwort.

Komisch. Entweder er schläft zum ersten Mal seit Menschengedenken länger als ich oder er ist schon irgendwohin unterwegs.

Jetzt muss ich grinsen. Vielleicht fängt er ja gerade Frösche. Oder er beobachtet Schnecken. Oder ... Ja genau. Bestimmt dokumentiert er die Reaktion der Pflanzen und Tiere auf den nahenden Herbst.

Eine Viertelstunde später komme ich, frisch geduscht und schon in Reitklamotten, in die Küche. Und ich erfahre endlich, was Papa gerade macht. Auf dem gedeckten Frühstückstisch liegt nämlich ein Zettel mit seiner Handschrift: »Guten Morgen, Hanna! Bin nebenan und betreue den Beginn von Gregs Forschungsarbeit. Bis gleich! Hab dich lieb!«

»Na dann ...« Ich setze mich hin, nehme mir ein Schoko-Croissant und gieße mir Kaffee ein.

Am Ende vergeht doch noch fast eine Dreiviertelstunde, bis ich endlich in den Stallungen von Hof Glückstal eintrudele. Als ich gerade unser Haus verlassen will, klingelt nämlich das Telefon und am anderen Ende ist eine japanische Kollegin von Papa, die mir ein paar Informationen für ihn durchgibt. Ich schreibe fleißig mit.

Obwohl sie eigentlich ganz gut Deutsch kann, dauert das Gespräch eine gefühlte Ewigkeit, denn ich muss trotzdem andauernd nachfragen. Manchmal muss sie mir sogar ein Wort buchstabieren, weil sie jede Menge Fremdwörter benutzt, die ich noch nie gehört habe. Irgendwann ist aber doch alles klar. Eilig gehe ich zur Tür und fahre mit dem rechten Fuß in den Reitstiefel ... Da läutet es.

Leise vor mich hin schimpfend, mache ich auf.

Es ist ein Nachbar, der ein riesiges Paket vorbeibringt. Gestern hat er es für uns angenommen und es ist mit Sicherheit jede Menge Forschungskram für meinen Vater drin. Genervt verdrehe ich die Augen, helfe ihm aber trotzdem, das ultraschwere Ding zum Küchentisch zu tragen. Dann bringe ich ihn zur Tür und kann endlich meinen zweiten Reitstiefel anziehen. Schnell werfe ich mir noch den Anorak über und renne durch ein paar nach allen Seiten spritzende Pfützen zum Hof Glückstal hinüber.

Natürlich lehnt Mias Fahrrad schon an der Stallwand; ich höre sie sogar drinnen lachen. Eilig hole ich noch eine Mistgabel aus der Sattelkammer und gehe vorsichtig in den Stutenstall.

Dort angekommen, bleibe ich verdutzt stehen, denn es misten nicht nur zwei, sondern gleich drei Leute aus: Mia, Philipp und ein dunkelblonder Junge, den ich nicht kenne. Er ist etwas schmaler, aber sogar noch ein Stückchen größer als Philipp und er trägt eine alte Jeans, einen grauen Anorak und grüne Gummistiefel.

»Tut mir echt leid, es ging nicht schneller«, entschuldige ich mich. »Herr Gertlhuber hat nämlich gerade ein Riesenpaket für meinen Vater vorbeigebracht. Und vorher hat eine Professorin aus Japan angerufen und mir eine ellenlange Nachricht für Papa diktiert. Es war wirklich zum Verrücktwerden.«

»Wow! Mit jemandem aus Japan möchte ich auch mal telefonieren«, meint der fremde Junge. Dabei dreht er sich zu mir um und sieht mich neugierig an.

Sein Blick trifft mich wie ein Blitz. Mein Herz macht einen Hüpfer und beginnt zu rasen. Hat der schöne Augen!

»Das ist Tim, Gregs jüngerer Bruder«, stellt Philipp ihn vor.

»Aha.« Ich muss noch mal tief durchatmen. »Bei uns rufen öfter Leute von irgendwo aus der Welt an. Einer von Papas Doktoranden meldet sich zum Beispiel regelmäßig aus Papua-Neuguinea. Angeblich beobachtet er dort Kängurus, die auf Bäumen leben. Ich hab keine Ahnung, ob es so was wirklich gibt; vielleicht will mein Vater mich damit ja nur zum Narren halten. Und Papas bester Freund ist gerade in Sibirien, um Moschusochsen zu zählen.«

Oh nein, jetzt hab ich geredet wie ein Wasserfall. Wie peinlich!

Aber Tims Gesicht hat einen träumerischen Gesichtsausdruck angenommen. »Papua-Neuguinea … Da will ich unbedingt auch mal hin. Und nach Sibirien sowieso. Schon wegen der vielen wilden Tiere, die dort leben.«

Wenigstens hat er nicht bemerkt, wie sehr ich gerade drauflosgelabert habe. Aber er kennt mich ja auch noch nicht. Oder tut er vielleicht nur so unbeteiligt, weil er unbedingt nett sein will? Herrje, warum bin ich denn plötzlich so unsicher? Feuchte Hände hab ich auch.

Schnell wische ich mir die Finger an meiner Reithose ab. Dann packe ich den Stiel meiner Mistgabel ganz fest und frage in betont beiläufigem Ton: »Okay, und was soll ich jetzt machen?«

»Die volle Mistkarre rausfahren«, schlägt Philipp vor.

Muss das sein? Viel lieber würde ich im Stall bleiben, um diesen Tim ein bisschen besser kennenzulernen. Aber was soll ich machen?

Mit einem leisen Seufzer stelle ich die Mistgabel wieder zur Seite, packe den Griff der schweren Karre und lege mich voll ins Zeug, damit sich das blöde Ding von der Stelle bewegt.

»Ach, was soll's?«, schnaufe ich, als ich auf dem Hof angekommen bin. Mit Gregs Bruder hab ich noch lang genug zu tun, wenn ich wieder im Stall bin.

Als ich zurückkomme, pocht mein Herz immer noch ganz wild. Aber daran ist bestimmt die harte Arbeit schuld.

»Die Box rechts neben uns ist schon leer. Jemand muss sie noch auskehren«, informiert mich Philipp.

Dann soll das ja wohl ich machen. »Ja klar«, erkläre ich leichthin, nehme mir einen Besen und fange sofort an. In Wirklichkeit ärgere ich mich aber schon wieder, denn jetzt ist zwischen Tim und mir eine hohe Wand.

Cool bleiben, Hanna!, befehle ich mir. Er wird dir ja nicht weglaufen.

Trotzdem unterbreche ich meine Arbeit noch mal, stelle mich auf die Zehenspitzen und werfe ihm einen langen Blick zu.

Zum Glück hat er mir den Rücken zugedreht, sodass er mich nicht sieht. Und mit dem Ausmisten scheint er sich gut auszukennen. Gerade tritt er mit seinem rechten Fuß von hinten gegen die Zinken der Mistgabel, um sie tief in den Mist hineinzudrücken. Richtig professionell sieht das aus. Aber das ist eigentlich kein Wunder, immerhin haben seine Großeltern einen Bauernhof mit Pferden. Trotzdem: Was für einen breiten, kräftigen Rücken er hat und wie stark seine Unterarme sind ...

Stopp, Hanna, arbeite weiter! Sonst merken Mia und Philipp noch, dass du ihn anstarrst.

Ich stecke all meine Energie in die Arbeit, um mich wieder abzuregen. Gleichzeitig spitze ich die Ohren, damit ich jedes Wort von nebenan mitkriege.

Aha, die drei reden über Greg. Tim erzählt, wie begeistert sein Bruder von seinem Biologiestudium ist, wie sehr er Tiere mag und dass er später gerne auf Expeditionen irgendwo in die Wildnis gehen würde.

»Er war schon mal mit ein paar anderen Studenten in Kanada. Da hat er Bären beobachtet. Aber das war noch unter Professor Irschinger, der ja der Vorgänger von Hannas Vater gewesen ist«, erklärt er. »Ich selbst möchte später gern Tierarzt werden. Oder Förster.«

Das passt bestimmt zu ihm, überlege ich und sehe ihn vor mir, wie er mit einem Jagdhund an der Leine durch die Wälder streift. Am Rande eines hohen Felsens hält er an und seine grüngrauen Augen schauen über das Tal, ins Weite …

Huch, ich hab ja schon wieder aufgehört zu kehren!

So, Hanna, jetzt reicht's! Komm wieder runter! In der letzten Zeit hast du wohl zu oft *Die Bergpolizei* gesehen. Seit Jan, der Sohn des Hauptdarstellers, hier auf dem Reiterhof Glückstal Ferien gemacht hat, schaue ich mir jede Woche die neueste Folge an. Aber ich passe immer höllisch auf, dass Mia es bloß nicht mitkriegt. Sie ist ja immer noch derart heftig in Jan verknallt, dass sie mit Sicherheit sofort wieder in Tränen ausbrechen würde.

Jetzt ist der Boden so gut wie sauber. Vor mir, direkt am Ausgang, liegt nur noch ein letzter kleiner Haufen Staub, Pferdemist und schmieriges Stroh. Mit einem großen Schritt steige ich darüber hinweg, hole mir die Schaufel aus der Stallgasse und bugsiere den Schmutz mit gekonntem Schwung in die Mistkarre. Dabei sehe ich, dass die anderen gerade die Nachbarbox verlassen, um sich dem nächsten Stall zu widmen.

Philipp ist der Letzte. »Kehrst du dann hier weiter?«, fragt er mich arglos.

»Ja klar«, erkläre ich möglichst gelassen. Innerlich jedoch fluche ich wie ein Bierkutscher, denn jetzt bin ich schon wieder von Tim getrennt! Und ich wette, das geht immer so weiter, bis wir hier fertig sind. Es sei denn ... Ich muss mir halt was Schlaues einfallen lassen.

Mein Gehirn beginnt, auf Hochtouren zu arbeiten.

Ich könnte mich vielleicht aufs Klo verdrücken und dort so lange abwarten, bis sich wahrscheinlich ein anderer den Besen geschnappt hat.

Jawohl, genau das werde ich machen. Vorher muss ich aber noch ein paarmal fleißig den Besen schwingen, als Alibi sozusagen.

Ich schnappe mir das Teil, gehe in die Box und lege los. Doch dabei fällt mir siedend heiß etwas ein: Wenn ich jetzt verschwinde und eine halbe Ewigkeit nicht mehr wiederkomme, hält mich Tim bestimmt für einen Faulpelz. Außerdem könnte Philipp ausgerechnet ihn zum neuen Kehrsklaven abkommandieren und damit ist mir auch nicht geholfen.

Keine so gute Idee. Ich beiße die Zähne zusammen und kehre schneller.

Vielleicht sollte ich so tun, als hätte ich mir irgendwas verdreht. Dann kann ich mich in die Stallgasse hocken und hab alle Zeit der Welt, um mir Tim in Ruhe aus der Nähe anzusehen. Echt 'ne gute Idee!

Oder auch nicht. Der Preis wäre doch, dass ich heute Nachmittag nicht mit den anderen ausreiten kann. Eine plötzliche Genesung würden meine Freunde mir bestimmt nicht abkaufen. Dann müsste ich in meinem Zimmer hocken, statt zu reiten. So 'n Mist aber auch! Verdutzt stelle ich fest: Ich habe vor lauter Ärger so heftig geschuftet, dass ich bis auf den kleinen letzten Haufen vor dem Ausgang schon wieder fertig bin. Also gehe ich auf die Stallgasse, stelle den Besen ab und nehme mir wieder die Schaufel.

Dabei erhasche ich einen kurzen Blick auf Tim. Der lädt gerade eine Gabel Mist auf der Karre ab.

Wie leicht das bei ihm aussieht!

Mir fällt das mit Sicherheit schwerer. Dabei tue ich es fast jeden Tag. Tim muss wirklich sehr stark sein.

Huch! Ich bin steif wie eine Statue in der Stallgasse gestanden. Jetzt bloß schnell weitermachen, Hanna! Eilig schnappe ich mir die Schaufel und verdrücke mich wieder in den Stall, denn ich merke, dass ich rot werde.

Bis ich endgültig fertig bin, sind die anderen schon in der übernächsten Box. Kein Wunder eigentlich, sie sind ja auch zu dritt. Hanna, ab jetzt konzentrierst du dich nur noch auf deine Arbeit!, ermahne ich mich.

Immerhin kann ich Philipp, Mia und Tim weiterhin zuhören und manchmal steuere ich über die Boxenmauer hinweg eine Bemerkung bei. Zuerst reden wir über Pferde im Allgemeinen, dann über Veras Haflinger. Dabei kriege ich irgendwann mit, dass Tim heute als Belohnung für seine Hilfe bei unserem Ausritt dabei sein darf.

Na prima, dann kann ich gleich ja doch noch näher bei ihm sein.

Plötzlich macht mir das Arbeiten viel mehr Spaß. In Windeseile bin ich mit der nächsten Box fertig und gehe zu den anderen, die immer noch nebenan zugange sind. Tim, der im hinteren Teil mit der Schaufel das letzte bisschen Mist zusammenkratzt, dreht mir aber leider den Rücken zu.

»Du bist heute ja richtig fix«, lobt mich Philipp.

»Echt super«, findet Mia. »Hast du zum Frühstück etwa einen Energydrink getrunken?«

Ich grinse. »Nein, nur Kaffee. Aber ich hab mal richtig ausgeschlafen.«

»Das wirkt Wunder«, meint Philipp.

»Trotz Caruso?«, fragt Mia.

»Ob du's glaubst oder nicht, inzwischen hab ich mich doch noch an ihn gewöhnt«, antworte ich.

»Caruso? Wer ist denn das?«, fragt Tim.

»Unser Hahn«, erklärt Philipp.

»Komischer Name«, wundert sich Tim. »In Wirklichkeit war das doch irgend so ein Opernsänger, oder?«

»Glaub ich auch«, stimme ich zu. »Aber der hat sicher nicht halb so laut gesungen wie Leitmayrs Hahn.«

Tim lacht. »Das Vieh muss ein echtes Phänomen sein.«

»Und wie«, beteuert Mia. »Zu allem Unglück schmettert er seine Arien jeden Morgen direkt unter Hannas Zimmerfenster.«

»Die Arme.« Er wirft mir einen mitfühlenden Blick zu.

»Bringst du mal die Karre zum Mist?«, fordert mich Philipp auf. »Danach sind wir bestimmt in dieser Box fertig und du kannst hier weiterkehren.«

Oh nein!, denke ich genervt. Aber ich nicke brav und lege auch gleich los.

Der Nachmittag wird kommen und damit unser Ausritt, sage ich mir, während ich die Karre zum Ausgang ziehe.

Bevor ich den Stall verlasse, schaue ich aber noch mal zurück und bekomme einen kleinen Schrecken. Denn auch Tim, der gerade zur nächsten Box wechselt, sieht über seine Schulter zu mir herüber.

Mein Herz macht einen Hüpfer, dann schlägt es einen wilden Trommelwirbel. Trotzdem kriege ich es irgendwie fertig, ihm freundlich, aber unverbindlich zuzulächeln. Dann senke ich den Kopf, lege mich ins Zeug und zerre die Karre weiter. Schließlich darf er nicht sehen, was ich allzu deutlich spüre: Gerade werde ich schon wieder dunkelrot im Gesicht.

»Menschenskind, Hanna, was ist heute mit dir los?«, schnaufe ich, während ich meine Last durch den lästigen Nieselregen zum Misthaufen bugsiere. Dann fällt es mir wie Schuppen von den Augen. Wie war das doch gleich, als Mia zum ersten Mal Jan Wagenbauer gesehen hat? Ganz plötzlich wirkte sie so, als hätte direkt vor ihrer Nase ein Blitz eingeschlagen.

Ja, genauso hab ich mich gefühlt, als ich eben Tim Holzner kennengelernt habe. Aber … aber das würde doch wohl bedeuten …

Es heißt, dass ich mich verknallt habe. Und zwar nicht nur ein bisschen, so wie im Sommer in Jan.

Verdutzt bleibe ich stehen und prompt rollt mir die Mistkarre in die Ferse.

Autsch! Ich humpele zur Seite, reibe mir den Fuß und sehe zu, wie die blöde Karre ohne meine Hilfe noch ein paar Schritte weitergleitet.

Während der Schmerz nachlässt, versuche ich, meine wild durcheinanderflatternden Gedanken ein bisschen zu ordnen.

Okay, dieser Tim Holzner hat mich mit Sicherheit schwer beeindruckt, das muss ich schon zugeben. Aber ich hab ihn heute zum ersten Mal gesehen. Das reicht doch mit Sicherheit nicht, um sich in jemanden zu verlieben.

»Cool bleiben, Hanna!«, befehle ich mir, packe den Griff der Karre und ziehe sie weiter.

»Du warst aber lange weg«, wundert sich Mia, als ich das leere Teil zurückbringe.

»Auf dem Hinweg ist mir das Ding in die Hacke gefahren«, erkläre ich halbwegs ehrlich. »Das hat so höllisch wehgetan, dass ich eine Pause machen musste.«

»Wir müssen uns ja auch nicht beeilen«, erklärt Philipp. »Die letzten drei Boxen schaffen wir leicht bis zum Mittag.«

»Wie man's nimmt«, widerspricht Mia. »Oma ist mit Sicherheit mal wieder um Punkt zwölf mit dem Kochen fertig. Ich soll dann übrigens auch schon zu Hause sein.«

Tim hat wohl gerade die Nachbarbox ausgekehrt, denn er kommt mit dem Besen in der Hand auf die Stallgasse.

Nachdenklich sieht Philipp ihn an. »Was machen wir denn mit dir? Oma hat doch gar nicht mit dir gerechnet.«

»Und es ist ihr immer furchtbar peinlich, wenn sie nicht genug Essen hat, damit alle satt werden«, ergänzt Mia.

»Das ist kein Problem, echt nicht. Weil ...«, beginnt Tim.

Ich mache innerlich Freudensprünge. »Kein Thema«, unterbreche ich ihn. »Komm einfach mit zu uns. Mein Vater kocht eh immer zu viel, sodass wir die Reste am Abend aufessen müssen.«

Erfreut sieht Tim mich an; sein Lächeln geht mir derartig durch und durch, dass mir fast schwindelig wird. »Ja gerne. Ihr wohnt doch gleich nebenan, oder? Greg hat so was gesagt.«

»Richtig«, bestätige ich.

»Dann lasst uns jetzt mal weitermachen«, drängelt Mia.

»Sonst muss ich nach Hause, bevor wir mit allem fertig sind.«

»Okay«, stimmt ihr Philipp zu. »Gehst du wieder zum Kehren in die Nachbarbox, Hanna?«

Jetzt bin ich so glücklich, dass ich mich nicht mal darüber ärgere. Es wird ja nicht mehr allzu lange dauern, bis ich mit Tim zu Mittag esse. Blöd nur, dass Papa dabei ist …

Huch! Meine linke Hand ist vom Besenstiel abgerutscht. Warum sind meine Finger denn plötzlich wieder so schwitzig?

Die nächste halbe Stunde vergeht wie in Zeitlupe; irgendwie werden die letzten drei Boxen gar nicht mehr sauber. Dabei sind wir doch vier Leute! Und als wir gerade mit der vorletzten Box fertig sind, muss auch noch Mia zum Mittagessen nach Hause.

Am Ende sind wir trotzdem um sechs nach zwölf mit dem Ausmisten fertig. Schnell räumen wir unsere Arbeitsgeräte weg, dann verabschieden Tim und ich uns von Philipp, der schon mit großen Schritten das Wohnhaus ansteuert.

Während wir in Richtung Tor gehen, ziehe ich mir meine Kapuze über den Kopf und werfe einen kritischen Blick zum Himmel. Inzwischen hat sich das schlechte Wetter nämlich wieder zu einem handfesten Dauerregen ausgewachsen und ich zweifel ernsthaft daran, dass das mit unserem Ausritt heute überhaupt noch was wird. So 'n Ärger! Eigentlich bin ich es zwar gewohnt, dass ich auch mal ein oder zwei Tage nicht reiten kann. Aber ausgerechnet heute …

Tim hat im Moment andere Sorgen. »Ich bin ziemlich dreckig und mit Sicherheit stinke ich zum Himmel. Klamotten zum Wechseln hab ich auch keine dabei. Das sind ja wohl die allerschlechtesten Voraussetzungen, um bei deinem Vater aufzukreuzen.«

Bestimmt hat er Angst, dass er seinen Bruder ausgerechnet vor dessen Professor blamiert. Irgendwie verständlich.

»Macht wirklich überhaupt nichts. Papa ist es gewohnt, dass ich in schmutzigen Stallklamotten bei ihm am Tisch sitze«, flunkere ich. »Du brauchst dir nur vor der Haustür deine Sachen abzuklopfen und die Stiefel auszuziehen. Dann noch schnell die Hände waschen und das war's auch schon.«

»Danke.« Er atmet auf und dann schenkt er mir ein so strahlendes Lächeln, dass mir davon ein bisschen die Knie weich werden.

Aber wir sind jetzt schon vor unserem Haus angekommen und ich kann mich unauffällig an den Türpfosten lehnen, während ich die Tür aufschließe.

»Hallo, Papa!«, rufe ich in den Flur hinein.

»Da bist du ja. Prima!«, schallt es aus der Küche zurück.

»Ich hab Besuch mitgebracht«, kündige ich an, während ich aus meinen Stiefeln schlüpfe.

»Okay. Wen denn? Greg vielleicht?«, fragt er.

»Nein, der futtert gerade bei Oma Leitmayr Kartoffelsalat mit Bratwurst«, antworte ich. »Stattdessen ...«

Neugierig steckt mein Vater seinen Kopf durch die Tür. Dann zieht er erstaunt die Augenbrauen hoch und meint nur: »Aha.«

Aus den Augenwinkeln kann ich sehen, dass unser Besuch ein bisschen rot wird.

»Das ist Tim, Gregs jüngerer Bruder«, stelle ich ihn vor.

»Äh ... guten Tag«, sagt Tim.

»Schön, dich kennenzulernen.« Papa kommt auf uns zu und schüttelt ihm die Hand.

»Alle kriegen irgendwo Mittagessen, nur Tim nicht. Darum hab ich ihn einfach mitgebracht«, erkläre ich.

»Gute Idee«, findet mein Vater. »Ihr seid auch noch früh genug dran, sodass ich eine Portion Reis mehr in den Topf werfen kann. Das heißt ... Magst du überhaupt Reis, Tim?«

»Na klar, gerne sogar«, antwortet er.

»Sehr gut«, antwortet Papa, der schon wieder auf dem Weg in die Küche ist. »Ich muss mich jetzt unbedingt um das Fleisch kümmern, sonst brennt's noch an.«

»Können wir ihm helfen?«, fragt mich Tim, der gerade seine Stiefel auszieht und sie ordentlich nebeneinander auf die Fußmatte stellt.

»Mit Sicherheit«, erkläre ich. »Am besten schauen wir mal im Esszimmer nach. Er hat wahrscheinlich den Tisch noch nicht gedeckt.«

Ich habe recht und so verteilen wir erst mal Teller, Trinkgläser und Besteck. Dabei stehen wir öfter ganz nah nebeneinander und dann läuft mir jedes Mal ein Schauer über den Rücken.

Nebenbei reden wir über alles Mögliche.

»Hier am Waginger See ist es wirklich toll«, meint er, während er die Saftgläser verteilt. »Aber in Höglwört ist es genauso schön. Da gibt es auch einen See, weißt du? Er ist ziemlich klein, aber total idyllisch. Alles dort – der Wald, das Wasser mit dem Schilf und den Seerosen, den Enten und den vielen Fischen hat eine tolle Atmosphäre. Und im See steht auf einer Halbinsel ein uraltes, kleines Kloster mit einer Kirche.«

Ich muss an den Weidsee mit dem Schloss Seehaus an

seinem Ufer denken. Während unseres Wanderrittes haben wir dort Mittagspause gemacht und damals hab ich gedacht, dass es auf der ganzen Welt keinen romantischeren Ort geben könnte. Aber jetzt hat Tim mich richtig neugierig gemacht.

»Dieses Höglwört würde ich auch mal gerne sehen«, erkläre ich. »Wir wohnen ja erst seit Februar hier, darum hab ich von der Umgebung kaum eine Ahnung.«

»Dann wird's aber Zeit«, meint Tim. »Der beste Freund meines Bruders wohnt dort und Greg nimmt mich öfter mit, wenn er hinfährt. Er hat ja ein eigenes Auto, wenn auch ein ziemlich klappriges. Bestimmt hat er nichts dagegen, wenn du mal mitkommst. Ich sag dir einfach Bescheid, ja?«

»Super!« Am liebsten würde ich jubelnd durchs Esszimmer hüpfen. Immerhin weiß ich jetzt, dass ich Tim heute garantiert nicht zum letzten Mal sehe!

Kurz darauf sitzen wir am Tisch. In der Luft hängt der Duft nach gebratenem Fleisch, Tomaten und Reis, leider mit einem Hauch Mistgeruch als Spezialzugabe.

Papa tut so, als würde er das nicht merken. »Bediene dich einfach«, fordert er unseren Gast auf.

Tim wirkt jetzt wieder ein bisschen verlegen, doch das macht ihn mir nur noch sympathischer.

Unauffällig beobachte ich ihn aus den Augenwinkeln. Wie er sich einen großen Löffel Reis mit Putenfleisch und ein bisschen Gemüse nimmt. Und wie er mit einer fast schon eleganten Bewegung die Schüssel an mich weiterreicht.

Er sieht so was von gut aus mit seinen dunkelblonden Haaren, den leuchtenden, großen Augen, den schmalen

Lippen und den paar vereinzelten Sommersprossen, die regelrecht um seine Nase zu tanzen scheinen.

Achtung, Hanna! Vergiss nicht, dir was zu essen zu nehmen! Sonst fangen Papa und Tim noch an, sich zu wundern, ermahne ich mich und konzentriere mich wieder auf die Schüssel, die direkt vor meiner Nase vor sich hin dampft. Dann können wir endlich mit dem Essen anfangen.

»Das schmeckt ja wohl richtig gut«, findet Tim nach ein paar Bissen.

»Danke«, freut sich Papa. »Greg hat mir übrigens erzählt, dass eure Eltern beide Tierärzte sind.«

»Oh ja.« Tims Verlegenheit ist plötzlich wie weggeblasen. Er wirkt jetzt richtig begeistert. »Sie haben in Freilassing eine Praxis. Meine Mutter versorgt dort Hunde, Katzen, Meerschweinchen und so weiter. Aber mein Vater kümmert sich eher um große Tiere wie Rinder, Pferde oder Schafe. Manchmal helfe ich ihnen, zum Beispiel, wenn sie Wochenenddienst haben oder wenn eine Sprechstundenhilfe nicht da ist.«

»Klingt so, als würde dir das viel Spaß machen«, stelle ich fest.

»Klar«, antwortet er. »Ich hab Tiere halt richtig gerne. Wenn wir ihnen helfen können, macht mich das einfach glücklich. Trotzdem möchte ich später lieber Förster werden.«

Papa zieht die Augenbrauen hoch. »Dann kennst du dich mit dem Wald bestimmt ganz gut aus.«

»Na ja, geht so«, meint Tim vorsichtig. »Meine Großeltern sind Bauern und sie besitzen ein Stück Wald. Opa und mein Onkel Josef rücken dort mit ihren Kaltblütern Holz.«

»Wow!« Jetzt bin ich echt beeindruckt. »Dabei würde ich gerne mal zusehen.«

Tim schenkt mir ein breites Lächeln. »Kein Problem. Die haben bestimmt nichts dagegen.«

Schnell senke ich den Kopf, damit er nicht merkt, wie happy ich bin. Nun hab ich noch eine Gelegenheit mehr, mit ihm zusammen zu sein!

Wir sitzen eine gefühlte halbe Ewigkeit am Tisch und unterhalten uns über den Wald, die Pflanzen und Tiere, die dort leben, und darüber, wie man umweltschonend darin arbeitet. Es ist so schön, nahe bei Tim zu sein und ihn heimlich zu beobachten.

»Sogar die breiten Hufe der Kaltblüter zerdrücken den Boden längst nicht so sehr wie die großen Reifen der schweren Traktoren«, erklärt er. »Pferde sind auch viel geschickter, sie denken mit und passen auf. Darum beschädigen sie die Bäume viel weniger als Maschinen. Und ...«

»Rrrring!«

Huch! Das war die Türklingel. Ich war so tief ins Zuhören versunken, dass ich einen Schrecken bekommen habe. Schnell werfe ich einen Blick auf die Uhr.

Oje, schon fast drei Uhr! In ein paar Minuten wollten wir uns doch mit Mia und Philipp zum Ausreiten treffen.

Ein schneller Blick aus dem Fenster zeigt mir, dass es jetzt wie aus Eimern regnet.

Bestimmt ist Philipp an der Tür, weil er uns Bescheid sagen will, dass es heute leider nichts wird mit dem Reiten. Diesmal stört mich das ausnahmsweise überhaupt nicht. Komisch eigentlich ...

»Rrrring!«

»Ich geh ja schon«, seufze ich, laufe in den Flur und öffne die Tür.

Von wegen Philipp. Draußen steht Greg Holzner. Er hat sich die Kapuze tief in die Stirn gezogen, trotzdem trieft sein Anorak schon nach der kurzen Strecke. Und mir fällt sofort auf, wie ähnlich er seinem Bruder sieht: der groß gewachsene, schlanke Körperbau, die breiten Schultern ... Sogar den schmalen Mund und die gerade Nase haben die beiden gemeinsam.

»Hallo«, begrüßt er mich.

»Hi«, antworte ich. »Eigentlich hab ich gedacht, dass Philipp vor der Tür stehen würde, um unseren Ausritt abzusagen. Ist ja das einzig Sinnvolle bei dem Wetter.«

»Klar«, bestätigt er. »Philipp hat mich auch tatsächlich gebeten, euch deswegen Bescheid zu sagen. Tim soll einfach in den nächsten Tagen wiederkommen. Ihr habt ja noch Ferien.«

»Gott sei Dank«, meine ich.

»Ich bin hergekommen, um ihn abzuholen«, fährt Greg fort. »Tims Patentante Zenzi ist nämlich unerwartet bei meinen Eltern aufgekreuzt. Und weil's heute mit dem Reiten nichts wird, möchten unsere Eltern, dass er mit mir nach Hause kommt.«

Sofort rutscht meine Laune ins Bodenlose. Aber ich reiße mich zusammen. »Ist gut. Nun komm erst mal rein.«

»Aber nur bis zur Fußmatte«, sagt er und macht einen Schritt in den Flur.

Tatsächlich ist er so was von nass, dass das Wasser nicht nur aus den Hosenbeinen und der Jacke, sondern sogar aus seinem Pony trieft.

»Dann hole ich ihn mal«, schlage ich mit gespieltem Lächeln vor und gehe zurück ins Esszimmer.

Die beiden reden immer noch vom Holzrücken. Gerade erklärt Tim meinem Vater die Kommandos des Pferdeführers.

Ich warte, bis er damit fertig ist. Dann erkläre ich: »Tut mir echt leid, aber Tim muss jetzt dringend nach Hause.«

Die beiden schauen auf.

»Dein Bruder steht an der Tür und will dich mitnehmen«, fahre ich fort. »Deine Tante Zenzi ist plötzlich zu Besuch gekommen.«

»Na gut, dann will ich mich mal in Bewegung setzen«, beschließt Tim seufzend. »Die Gute ist nämlich so was von empfindlich, seit vor einem Jahr ihr Mann gestorben ist ...«

»Lass dich von uns bloß nicht aufhalten.« Mein Vater steht auf.

»Vielleicht ... also, bestimmt sehen wir uns mal wieder, jetzt, wo dein Bruder hier wohnt«, versichere ich mich in möglichst gelassenem Ton.

Tim nickt. »Ich hab bei den Leitmayrs ja auch noch einen Ausritt offen. Also: Vielen Dank für das Mittagessen.«

»Gerne«, meint Papa.

Wir gehen hinaus auf den Flur.

»Es war voll nett, dass du mich eben mitgenommen hast. Ich konnte nämlich wirklich was zu essen brauchen«, bedankt sich Tim.

Sein Blick trifft mich mitten ins Herz. Nein, ich will nicht, dass er weggeht!

»War absolut kein Problem«, erkläre ich.

Du siehst ihn doch bald wieder. Also: Cool bleiben!, ermahne ich mich. Doch genau das fällt mir mit rasender Geschwindigkeit immer schwerer, als er seinen Anorak anzieht und in die Reitstiefel schlüpft, die Haustür öffnet und hindurchgeht.

Noch einmal dreht er sich um und sieht mich an.

Ich schenke ihm mein strahlendstes Lächeln. Dabei würde ich am liebsten hinter ihm herrennen und ihn bitten hierzubleiben. Aber das wäre so was von peinlich ...

So darf das nicht weitergehen!, sage ich mir, als die beiden Brüder in einen alten grünen Golf steigen und eilig losfahren.

»Hoffentlich ist Greg vorsichtig bei diesem Wetter«, brummt Papa und schließt die Tür. »Auf der Strecke gibt es so viele gefährliche Kurven. Und dann dieser Regen ...«

Ich atme tief durch. Musste er das unbedingt sagen? Jetzt kriege ich auch noch Angst um Tim! Um Greg natürlich auch, aber nicht ganz so viel. Doch was soll ich machen?

Ich versuche, mich auf das Tischabräumen und Spülmaschinebeladen zu konzentrieren. Dann gehe ich hinauf in mein Zimmer.

Trotz des Dauerregens vergeht der Nachmittag wie im Flug. Ich hab keine Ahnung, wie lange ich auf meinem Bett liege und an die Decke starre. Und mir ist gar nicht richtig klar, worüber ich die ganze Zeit nachdenke. Ich weiß nur, dass ich mir Sorgen um Tim mache und dass ich vor meinem inneren Auge andauernd sein Gesicht sehe.

Irgendwann stehe ich aber doch auf und falle auf meinen Schreibtischstuhl, vor meinen Laptop. Eigentlich will ich nur ein bisschen surfen. Aber dann googele ich die Tierarzt-Praxis Holzner in Freilassing.

Aha, da sind auch Fotos von Tims Eltern. Er sieht eher seiner Mutter ähnlich, finde ich. Sie hat auch ein paar Sommersprossen und diese schönen graugrünen Augen. Sein Papa hat dunklere Haare. Aber die Figur, die stammt ja wohl eindeutig von ihm.

Ich hab keine Ahnung, wie viel Zeit vergangen ist, bis ich registriere, dass ich tatenlos vor dem Computer gehockt und vor mich hin geträumt habe. Ärgerlich klicke ich die Website der Holzners weg und überlege aufzustehen. Vielleicht finde ich ja im Küchenschrank ein Stück Schokolade.

Aber dann bleibe ich doch sitzen und googele das Dorf Höglwörth. Es ist kaum größer als Gessenhausen. Aber das Kloster ist fast neunhundert Jahre alt. Und die Bilder, die ich zu sehen kriege, sind wirklich wunderschön. Unwillkürlich stelle ich mir vor, wie ich mit Tim an der glitzernden Wasserfläche entlangwandere. Die Sonne strahlt, leichter Nebel liegt auf den Hügeln um uns herum und die Bäume sind bunt gefärbt. Lautlos sinken ein paar rote und gelbe Blätter vor uns auf den Weg. Fische gleiten durch das glasklare Wasser; ganz in unserer Nähe schwimmt ein Entenpaar. Bewegungslos steht ein Reiher im hohen Schilf.

Ich stoße einen tiefen Seufzer aus.

»Alles klar da oben?«, ruft Papa vom Erdgeschoss aus.

Huch! War ich tatsächlich so laut, dass er mich bis da unten gehört hat?

»Hanna???« Papa scheint sich echt Sorgen zu machen.

»Alles in Ordnung. Ich ... also, ich hab mich nur geärgert, weil mein Computer mal wieder abgestürzt ist«, antworte ich verlegen.

»Ach so.« Er klingt ein bisschen erleichtert. »Die Dinger können einem wirklich den letzten Nerv rauben. Aber davon abgesehen – wie sieht's denn mit Abendessen aus?«

He! Wir haben doch gerade erst zu Mittag gegessen, will ich protestieren. Gerade noch rechtzeitig fällt mein Blick auf die Zeitanzeige auf dem Computerbildschirm.

Ich glaub's nicht! Es ist schon fast acht Uhr!

Funktioniert das Ding denn überhaupt richtig? Vorsichtshalber schaue ich noch mal auf mein Handy.

Tatsächlich, sieben Uhr sechsundfünfzig. Kein Wunder, dass es draußen schon dunkel wird.

»Hast du nun Hunger oder hast du keinen?« Papa klingt ungeduldig.

»Doch klar«, flunkere ich. »Noch zwei Minuten, dann komm' ich runter.«

Ich schalte den Computer aus und gehe in die Küche. Irgendwie werde ich schon was runterkriegen.

3

Aufregung um ein Fohlen

Leider bekomme ich Tim in den nächsten Tagen nicht zu sehen. Über den Grund muss ich nicht lange nachdenken, denn es regnet und regnet. Und meine Stimmung ist im Keller.

»Du hast vielleicht 'ne Laune, und das schon seit letztem Sonntag«, beklagt sich Mia, als wir am Dienstagnachmittag zu dritt in der Sattelkammer sitzen und die Ausrüstung der Pferde mit Sattelfett und alten Lappen auf Hochglanz bringen.

»Stimmt«, bestätigt Philipp.

»Entweder du bist nervös und fahrig oder du bist mit deinen Gedanken woanders. Wie du gestern deine Mistgabel gesucht hast, obwohl sie neben dir an der Wand lehnte, das war ja wohl total untypisch für dich«, urteilt Mia. »Nun sag schon: Was ist mit dir los?«

Au weia! Die Wahrheit kann ich ihnen doch nicht sagen! Mein Gehirn arbeitet auf Hochtouren, dann fällt mir tatsächlich eine plausible Erklärung ein. »Ich merk's auch. Das liegt an diesem Mistwetter. Die letzten Tage, bevor diese Lilly hier aufkreuzt, wollte ich besonders viel mit Samantha zusammen sein und das noch mal richtig genießen. Wer weiß, vielleicht will das Fräulein von-und-zu sie ja ab Freitag reiten. Aber jetzt regnet es ununterbrochen, und das zieht mich so was von runter …«

Das ist wenigstens nicht gelogen. Im Moment kann ich meinen Schatz ja nur gründlich putzen und ganz viel Zeit an ihrer Box verbringen, um ausgiebig mit ihr zu schmusen.

»Ab morgen soll wieder die Sonne scheinen«, tröstet mich Philipp.

»Ja, Gott sei Dank«, seufzt Mia. »Ich hab wegen Merry doch auch Angst. Lilly soll ja sehr gut reiten können, und wenn sie temperamentvolle Pferde mag …« Bedrückt senkt sie den Kopf und schaut Wuschel an, der gerade mit tropfnassem Fell hereingetappt kommt und sie mit großen Augen und freundlichem Schwanzwedeln um ein paar Streicheleinheiten bittet.

Doch sie schüttelt den Kopf. »Nein, mein Guter, jetzt wird nicht geknuddelt. Sonst bin ich gleich so nass wie du und der Sattel auf meinem Schoß genauso. Dabei soll ich ihn doch sauber machen und einfetten.«

Bestimmt hat der große Hund sie verstanden, denn er lässt sich auf den Bauch nieder, legt seinen Kopf auf die Vorderbeine und schaut sie vorwurfsvoll an. Um seinen Körper bildet sich sofort eine Pfütze, die sich ziemlich schnell ausbreitet.

»Wegen eurer Lieblinge braucht ihr euch keine Sorgen zu machen«, erklärt Philipp.

Erstaunt hebe ich den Kopf. »Warum?«

»Weil Lilly von Kayersburg ihr eigenes Pferd mitbringt«, antwortet er. »Das haben ihre Eltern heute Morgen mit meiner Mutter ausgemacht.«

»Wie bitte?«, rufe ich aus. Soll das ein Witz sein?

Mia dagegen verliert die Geduld. »Nun lass dir doch nicht

immer die Würmer aus der Nase ziehen! Da gibt's doch noch mehr zu sagen. Also raus damit!«

»Ist doch eigentlich klar«, meint Philipp. »Die von Kayersburgs haben ein Vollblutarabergestüt. Da hat sie wohl ein Lieblingspferd. Und das nimmt sie mit in den Urlaub. Platz genug haben wir und Lillys Eltern bezahlen die Stallmiete. Also: Was soll denn sein?«

Mia hat glänzende Augen bekommen. »Wow! Ein richtiger Vollblutaraber, hier in Gessenhausen. Das ist ein Traum!«

Auch meine Laune verbessert sich gerade stark. Jetzt brauche ich mir wegen Samantha keine Sorgen mehr zu machen. Und ich bin total neugierig auf Lillys Pferd. Bisher habe ich Vollblutaraber nur auf Fotos oder ganz von Weitem bei einer Veranstaltung gesehen. Da fand ich sie immer wunderschön. Außerdem werde ich Tim vielleicht schon morgen wiedersehen, weil das Wetter besser wird. Mit seinem virtuellen Gutschein für einen Ausritt wird er sich bestimmt nicht allzu lange Zeit lassen.

Aber was ist, wenn er sich gar nicht für mich interessiert ...? Ich muss mich wohl oder übel darauf vorbereiten, dass er mich bei unserem Wiedersehen nett begrüßen und sich dann meinen Freunden und den Tieren zuwenden wird. Vielleicht damit die anderen nicht merken, dass er mich ganz besonders mag. Vielleicht aber auch, weil ich für ihn nur ein ganz normales Mädchen, nicht mehr als eine Reiterkameradin bin. Wie soll ich damit bloß klarkommen?

»He! Du Schlafmütze!«

Huch! Mia hat mich so kräftig mit dem Ellenbogen in die Seite gestoßen, dass mir fast die Trense von den Knien gerutscht wäre.

Verdutzt schaue ich sie an.

»Du wolltest doch die Kopfstücke zerlegen, damit Philipp sie einfetten kann«, erinnert sie mich. »Stattdessen bist du schon wieder irgendwohin abgedriftet.«

»Hast ja recht«, murmele ich zerknirscht und beuge mich über meine Arbeit. Meine Gedanken wuseln trotzdem weiter wild durcheinander. Wenn ich nur wüsste, wie Tim wirklich über mich denkt!

Aber Tim kommt nicht. Weder am Mittwoch, als sich die Sonne vorsichtig zwischen den grauen Wolken hindurchschiebt, noch am Donnerstag, als der Boden schon wieder ein bisschen aufgetrocknet ist und Philipp, Mia und ich endlich wieder zusammen ausreiten.

Wo bleibt er denn? Ich muss mich echt zusammennehmen, damit die anderen nicht schon wieder etwas merken.

»So viel scheint deinem Bruder wohl nicht am Reiten zu liegen, sonst wäre er schon längst mal wieder aufgetaucht«, sage ich in möglichst beiläufigem Ton zu Greg, als der am späten Donnerstagnachmittag mit Philipp, Mia und mir Futter und Heu in den Pferdeboxen verteilt.

»Da irrst du dich aber«, widerspricht er, während er die Kordeln eines frischen Heuballens aufschneidet. »Er macht mit zwei Freunden eine Wanderung im Nationalpark Berchtesgaden. Sie haben sogar dort gezeltet. Heute Abend holt mein Vater sie ab.«

»Wow, so was würde ich auch gern mal machen«, meint Mia.

»Ja, ich auch«, gibt Philipp zu. »Aber ein Wanderritt in den Bergen wäre noch schöner.«

Dann ist es ja klar, dass er nicht gekommen ist, denke ich erleichtert. Ich nehme mir einen Armvoll Heu ... und hätte es beinahe wieder fallen lassen. Denn gerade ist mir siedend heiß etwas eingefallen: Tim kommt also höchstwahrscheinlich morgen oder in den nächsten Tagen. Dann ist auch diese Lilly von Kayersburg bei uns auf dem Reiterhof und die soll angeblich in meinem Alter sein. Was ist, wenn sie mir Tim ausspannt? Erst vor Kurzem hat Leonie Falkmann, Veras letzter weiblicher Gast, Mia und mir doch Jan Wagenbauer vor der Nase weggeschnappt. Von diesem Drama müssen wir uns beide noch erholen, die arme Mia sogar noch viel mehr als ich.

»Machst du mir bitte mal Platz, damit ich in die nächste Box gehen kann?«, fragt Greg.

Ich zucke zusammen und trete schnell zur Seite, dann atme ich ein paar Mal tief durch.

Nun male mal nicht gleich den Teufel an die Wand! So viel Pech hintereinander hat ja wohl niemand, sage ich mir und versuche, wieder zu arbeiten.

Vielleicht ist diese Lilly von-und-zu ja hässlich. Oder sie hat schon einen Freund, jemanden, der genauso adelig ist wie sie. Das wär doch ideal! Dann kommt sie nicht auf die Idee, mir Tim auszuspannen.

Obwohl ... Genau genommen, kann sie ihn mir nicht ausspannen, weil wir ja gar nicht zusammen sind. Meine Güte, ist das kompliziert!

»Dann mal bis gleich«, verabschiede ich mich von Mia, als wir am Freitagmittag den Hof Glückstal verlassen. »Heute am späten Nachmittag wird's interessant.«

Sie nickt. »Ich bin ja so was von neugierig auf diese Lilly

von Kayersburg. Und noch viel mehr auf ihr Pferd. Dabei weiß ich nicht mal, ob ich überhaupt dabei sein kann, wenn sie hier ankommt.«

»Das wäre aber echt schade«, beklage ich mich. »Was ist denn los?«

Sie zuckt die Achseln. »Ich hab meinen Eltern versprochen, ihnen noch mal beim Ernten zu helfen.« Sie seufzt. »Diesmal sind die Mirabellen dran.«

»Ausgerechnet heute?«, wundere ich mich. »Konnten die nicht auf dich Rücksicht nehmen?«

Sie zuckt die Achseln. »Oma meinte halt, dass Mama und sie dann über das Wochenende Zeit haben, um einzumachen und Marmelade zu kochen. Außerdem wird es höchste Zeit, sonst fangen sie noch am Baum an zu faul… Oh hallo, Erna!«

Veras zahmes Schwein kommt mal wieder von einem kleinen Spaziergang durch Gessenhausen zurück. Jetzt stoppt sie vor Mia und stupst sie mit der Schnauze an, weil sie gestreichelt werden möchte.

Hinter Erna trabt Wuschel um die Ecke. Schwanzwedelnd stellt er sich vor mich hin und schaut mit seinen großen Augen zu mir auf, sodass ich gar nicht anders kann, als ihn hinter den Ohren zu kraulen.

Solange ich die beiden kenne, büxen sie immer mal wieder vom Hof Glückstal aus. Das lässt sich gar nicht verhindern, denn sie finden garantiert immer eine offene Tür oder eine Lücke im Zaun. Weil in Gessenhausen kaum Autos fahren und die Bewohner sich nicht an den Tieren stören, haben die Leitmayrs es inzwischen aufgegeben, die zwei an ihren Ausflügen zu hindern.

Wuschel schleckt mir noch einmal mit seiner Zunge über

die Hand, dann geht er wieder los, dicht gefolgt von Erna. Wie selbstverständlich verschwinden die beiden durch das offene Tor.

Amüsiert schaue ich ihnen nach. Vor unserem Umzug hätte ich mir so was gar nicht vorstellen können, jedenfalls nicht hier in Deutschland. Wenn die beiden sich das nächste Mal selbstständig gemacht haben, muss ich sie unbedingt fotografieren und die Bilder an meine Freundinnen in meiner alten Heimat schicken.

Ich verabschiede mich von Mia, schließe die Haustür auf und trete ein. Weil Papa gestern mal wieder zu viel gekocht hat, muss ich mir fürs Mittagessen nur die Reste aufwärmen. Eigentlich schmeckt's ja auch ganz gut. Trotzdem hab ich das Gefühl, dass die Zeit heute nicht mal halb so schnell vergeht wie sonst. Immer wieder schaue ich auf die Zeitanzeige meines Handys. Aber bis uns Lilly von Kaysersburg und ihre Vollblutaraberstute beehren, wird es noch ein paar Stunden dauern. Und ich fürchte, dass sich bis dahin die Sekunden wie Minuten für mich anfühlen werden. Seufzend räume ich das Geschirr in die Spülmaschine und gehe hinauf in mein Zimmer.

Und nun? Wieder werfe ich einen Blick auf mein Handy. Erst vierzehn Uhr und sechs Minuten. Was mach ich denn jetzt? Hm … Oma und Vera brauchen meine Hilfe garantiert nicht. Mit den Vorbereitungen für Lillys Besuch waren sie nämlich schon gestern Nachmittag fertig. Aber ich könnte ganz gut noch mal zu Samanthas Weide spazieren und mit ihr schmusen.

Ja, genau das werde ich machen. So bin ich wenigstens ein bisschen mit ihr zusammen. Heute kommen wir doch sowieso nicht zum Ausreiten.

Ich ziehe meine Reitklamotten an, die ich gestern Abend nur wegen Lilly in die Waschmaschine gesteckt und anschließend im Bad über die Heizung gehängt habe. Dann stecke ich eine Möhre für Samantha ein und mache mich auf den Weg.

Heute haben wir das allerschönste Spätsommerwetter. Am Morgen lag wieder dieser wunderschöne, feine Nebel auf dem Gras und den Blumen und jetzt ist es immerhin vierundzwanzig Grad warm. Die Sonne strahlt, am Himmel ist kaum ein Wölkchen zu sehen und ein leichter Wind beugt die Grashalme und kräuselt das Wasser in den letzten Regenpfützen. In der Ferne leuchten die schneebedeckten Gipfel der Alpen.

Lilly hat echt Glück, dass diese nervigen Regentage vorbei sind. Hoffentlich hält das schöne Wetter noch ein bisschen, überlege ich, während ich den Hügel hinaufgehe.

Dann kann ich die Gruppe der tragenden Stuten schon erkennen. Als ich näher komme, sehe ich, dass Samantha auf einer kleinen Anhöhe ein wenig oberhalb der übrigen Pferde grast. Erst vor ein paar Tagen hat Vera die Stute Fanny an Leonie und ihre Mutter verkauft und seitdem scheint mein Liebling zum neuen Leittier der kleinen Herde zu werden. Darauf bin ich sehr stolz. Und heute fällt mir besonders deutlich auf, wie rund ihr Bauch in den letzten Wochen geworden ist. Hoffentlich geht mit ihrem Fohlen alles gut!

Jetzt hat sie mich bemerkt, denn sie hebt ihren Kopf und sieht mich mit gespitzten Ohren an. Dann setzt sie sich in Bewegung. Langsam steigt sie den rutschigen Abhang herunter, kommt im Trab zu mir herüber und nimmt die

Möhre aus meiner Hand. Ich streichele ihren schönen Kopf und drücke mein Gesicht an ihren kräftigen Hals.

»Nur gut, dass diese Lilly ihr eigenes Pferd mitbringt!«, sage ich leise zu ihr. »So kann ich auch den Rest der Ferien ganz viel mit dir zusammen sein.«

Samantha hat die Möhre aufgefressen. Sie kommt noch ein Schrittchen näher und legt wie so oft ihr Kinn auf meine Schulter, damit ich sie besonders gut an ihrer Lieblingsstelle in der Mähne kraulen kann.

Gerührt schließe ich die Augen und genieße den Moment.

»Hallo.«

Ungläubig schaue ich auf, denn diese Stimme kenne ich. Es ist Tim!

»Entschuldigung. Ich wollte dich nicht erschrecken«, erklärt er.

Ich atme tief durch. »Kein Thema. Ich war in Gedanken und hab niemanden kommen hören.« Tim nickt. »Gerade hab ich mit den Leitmayrs gesprochen. Ausgerechnet heute wird's mit dem Ausreiten ja wohl nichts werden, wo doch gleich der neue Feriengast kommt.«

Er lächelt. »Die sind alle ein bisschen nervös, glaube ich.«

»Mit Sicherheit«, stimme ich ihm zu. »Im Sommer, als die allerersten Gäste kamen, war das sogar noch schlimmer.«

»Kein Wunder«, findet er und lässt Samantha zur Begrüßung an seiner Hand schnuppern. »Sie ist wirklich ein bildschönes Pferd. Und dein absoluter Schatz, oder?«

»Und ob!«, bestätige ich stolz. »Samantha ist Veras beste Zuchtstute und sie ist unglaublich lieb. Anfang des nächsten Jahres wird sie ein Fohlen zur Welt bringen. Darum bin ich schon jetzt ein bisschen aufgeregt.«

»Wäre ich auch«, gesteht er. »Weißt du: Als ich noch in

der Grundschule war, hatten meine Großeltern auch eine Zuchtstute. Sie hieß Nanni, war pechschwarz und total hübsch. Ich hab auf ihr das Reiten gelernt, weil sie so brav und absolut cool war. Fast jedes Jahr hat sie ein tolles Fohlen geboren; die meisten haben bei Pferdeschauen hohe Preise gewonnen. Eines wurde sogar als Zuchthengst gekört. Da waren Oma und Opa vielleicht stolz.«

»Wow!«, sage ich beeindruckt.

Er nickt. »Damals war mir das allerdings noch ziemlich egal. Ich hab die Fohlen einfach nur gemocht. Im Frühjahr und im Sommer hab ich meine Eltern an jedem Wochenende bedrängt, dass sie unbedingt mit mir nach Piding fahren sollten. Meistens haben sie mir den Gefallen auch getan. Dann konnten sie halt immer mal nachschauen, ob es Nanni und ihrem Nachwuchs auch wirklich gut ging. Tja ...« Gedankenverloren streichelt er Samanthas Hals.

»Und dann?«, hake ich nach.

»Ich war zehn Jahre alt, als Nanni Zwillinge zur Welt gebracht hat«, erzählt er. »Leider sind beide bei der Geburt gestorben. Auch Nanni hätte es beinahe nicht überlebt. Das hat mich ziemlich geschockt und meine Großeltern auch, denn vorher hat es mit ihr bei den Geburten nie Probleme gegeben.«

Ich antworte nicht. Vor meinem inneren Auge sehe ich, wie Samantha total erschöpft im Stroh liegt, mit zwei toten Fohlen neben sich. Die Vorstellung ist schrecklich. Was ist, wenn es ihr im Februar wirklich so geht?

Nun mach dich mal nicht verrückt, Hanna!, ermahne ich mich und versuche, das innere Bild ganz schnell wieder zu verdrängen. Dann finde ich endlich auch meine Sprache wieder. »Und wie ging's weiter?«

»Nanni war damals schon achtzehn Jahre alt. Darum haben meine Großeltern beschlossen, sie nicht mehr decken zu lassen«, erzählt er. »Ihr Fohlen vom Vorjahr, einen schwarzen Hengst namens Herzog, haben sie behalten. Inzwischen ist er zusammen mit Spitzbub, einem braunen Wallach, ihr Arbeitspferd.«

»Und Nanni?«, will ich wissen.

»Die hat sich gut von der schweren Geburt erholt. Opa hat danach sogar noch drei Jahre lang mit ihr gearbeitet, Dann war Herzog alt genug, um sie allmählich abzulösen, und sie ist langsam in Rente gegangen«, erinnert er sich. »Im letzten Herbst ist sie aber leider an einer schweren Kolik gestorben. Das kam ganz plötzlich; bis dahin war sie noch total fit. Ich bin sogar noch öfter mit ihr ausgeritten.« Er atmet tief durch. »Na gut, sie ist immerhin vierundzwanzig Jahre alt geworden. Aber sie fehlt mir.«

»Sie hatte wirklich ein stolzes Alter«, versuche ich, ihn zu trösten.

»Das stimmt schon«, bestätigt er. »Besonders für ein Kaltblut, das in seinem Leben echt was geleistet hat. Sie hat dreizehn Fohlen zur Welt gebracht und hart gearbeitet.«

Mitfühlend sehe ich ihn an. Ein geliebtes Pferd zu verlieren, muss schlimm sein. Und Nannis Tod ist nicht viel länger her als mein Umzug nach Gessenhausen.

Ich mustere ihn aus den Augenwinkeln. Da steht er, an den Weidezaun gelehnt, und schaut den grasenden Haflingerstuten zu. Der Wind wühlt in seinen Haaren und er hängt seinen Erinnerungen nach.

In diesem Moment fühle ich mich ihm ganz nahe; am liebsten würde ich ihm den Arm um die Schulter legen. Aber das traue ich mich dann doch nicht.

Da stupst mich etwas Weiches am Arm an. Samantha! Ich hab Tim so gebannt zugehört, dass ich sie glatt vergessen habe.

Eigentlich möchte ich wieder mit dem Kraulen anfangen. Doch da höre ich, wie jemand von Weitem ruft: »Hallo! Heeee!!!«

Ich drehe mich um.

Ein Junge läuft den Hügel hinauf. Ich kenne ihn nicht, sehe aber, dass er ungefähr so alt wie Philipp und Tim ist. Er trägt ein dunkelblaues Sweatshirt und rennt, was seine Beine nur hergeben. Dabei winkt er aufgeregt mit seinem rechten Arm.

»Irgendwas muss passiert sein«, murmelt Tim, dann läuft er dem Jungen entgegen. Ich folge ihm.

»Den hab ich eben schon mal gesehen. Als ich mit Vera geredet habe, kam er durchs Hoftor!«, ruft er mir zu. »Hast du eine Ahnung, wer er ist?«

Ich kann nur noch den Kopf schütteln, denn jetzt bremst der Unbekannte vor uns ab und keucht: »Schnell, ihr ... ihr müsst mit zur Weide der beiden einjährigen Hengstfohlen kommen!«

»Okay, was ist passiert?«, frage ich.

»Einer der beiden, der Dunklere, ist ... beim Raufen mit seinem Kumpel auf dem nassen Boden ins Schlittern gekommen ... und in den Zaun hineingerutscht«, schnauft er atemlos.

Vor Schreck bleibt mir die Luft weg. Wulfi, wie der kleine Hengst heißt, bekommt im Moment jede Sekunde einen Stromstoß!

»Du lieber Himmel, wir müssen die Batterie ausschalten!«, ruft Tim aus und will losrennen.

»Hab ich schon erledigt«, beruhigt uns der Junge.

Ich atme tief durch. »Das hast du gut gemacht.«

»Na ja«, meint er achselzuckend. »Leider hab ich eine Weile gebraucht, bis ich das Ding gefunden hatte. Und der arme Kleine hängt jetzt immer noch im Zaun fest. Es ist total in Panik und strampelt so heftig, dass die Litze sich immer fester um seine Vorderbeine zieht. Aber alleine konnte ich absolut nichts machen.« Er weist mit dem Kinn auf Tim. »Als ich eben zur Wiese gekommen bin, hab ich gesehen, dass er den Hügel hochgegangen ist. Darum bin ich hinter ihm hergelaufen. Nur gut, dass ich euch so schnell gefunden habe.«

Das kann man wohl sagen. Inzwischen kann ich die Hengstweide schon sehen; auch der kleine Wulfi ist ganz gut zu erkennen. Obwohl seine Vorderbeine vom Zaun gefesselt sind, zappelt er panisch. Dabei schlägt er immer wieder mit den Hinterbeinen aus oder er versucht, sich auf die andere Körperseite zu wälzen. Aber er hat keine Chance, denn die mit feinen Metalldrähten durchzogene Litze hält ihn gnadenlos fest. Neben ihm steht sein Kumpel Wasi und starrt ihn an.

Das sieht echt gefährlich aus. Hoffentlich hat er sich nicht allzu schlimm verletzt!, denke ich. Gleichzeitig sehe ich vor meinem inneren Auge, wie die unnachgiebigen Bänder des Zaunes sich wegen Wulfis panischen, ruckartigen Bewegungen regelrecht in seine Haut hineinfressen. Wie sollen wir ihm denn bloß helfen?

»Hast du schon Vera angerufen?«, fragt Tim den Jungen.

»Wie denn? Ich hab ihre Telefonnummer nicht«, antwortet der.

»Ja klar. Ich mach's sofort«, sage ich, ziehe im Gehen mein Smartphone aus der Tasche, wähle und warte ab.

Es tutet … und tutet …

»Das dauert aber lange«, stöhne ich. »Was ist, wenn Vera ausgerechnet jetzt ihr Handy weggelegt hat und mich nicht hören kann?«

Da erklingt am anderen Ende doch noch ihre Stimme. »Leitmayr.«

»Hier ist Hanna«, sage ich. »Du und Philipp, ihr müsst ganz schnell zur Junghengstweide kommen. Der Wulfi ist in den Zaun geschlittert und hat sich darin verfangen.«

»Im Elektrozaun? Oh nein!«, ruft sie entsetzt aus.

»Keine Sorge«, beruhige ich sie. »Der … Moment mal.« Fragend schaue ich Wulfis Retter an. »Sag mal, wie heißt du eigentlich?«

»Albert Moser«, antwortet er. »Sie kennt mich.«

Ich nicke. »Also, Albert Moser hat alles mitgekriegt und gleich den Strom ausgeschaltet.«

Deutlich kann ich hören, wie sie aufatmet. »Der Bertl. Na prima. Er ist ein feiner Kerl, wirklich. Sag ihm, dass ich ihm sehr dankbar bin, ja?«

»Mach ich. Aber den Wulfi kriegen wir alleine nicht frei«, füge ich hinzu. »Nicht mal zu dritt. Tim ist nämlich auch bei uns.«

»Sie muss unbedingt irgendwas mitbringen, um Wulfi frei zu schneiden«, erinnert mich Albert.

»Ich hab's mitbekommen. Bis gleich«, antwortet sie. Ich höre noch, wie sie laut nach Philipp ruft; fast im gleichen Moment beendet sie das Gespräch.

»Ich soll dir sagen, dass sie dir sehr dankbar ist«, teile ich Albert mit, während wir weiterlaufen.

Er zuckt die Achseln. »War halt Zufall, dass ich vorbeigekommen bin. Ich konnte doch nicht einfach weitergehen.«

Nun stell dein Licht mal nicht unter den Scheffel!, denke ich.

Eigentlich will ich ihm das auch sagen. Aber ich komme nicht mehr dazu. Gerade sind wir nämlich um drei hohe Tannen herumgegangen und jetzt kann ich deutlich sehen, was mit Wulfi los ist.

Sein Anblick schnürt mir fast die Kehle zu. Das arme Kerlchen hat so schreckliche Angst und bestimmt auch ganz schlimme Schmerzen! Sein Fell ist dunkel vor Schweiß, sein Atem geht schnell und seine Augen sind weit aufgerissen.

»Keine Angst, wir helfen dir«, sagt Tim, als wir bei ihm angekommen sind. Er versucht, in ruhigem Ton zu sprechen, aber seine Stimme zittert ein bisschen.

Bertl dagegen wirkt total cool. Mit betont langsamen Schritten geht er zu dem wild zappelnden Wulfi hinüber und kniet neben seinem Kopf nieder.

»Ist ja gut«, murmelt er, streckt vorsichtig seine linke Hand aus und fasst das verzweifelte Fohlen am Halfter.

Irre ich mich oder lässt Wulfis Panik wirklich ein bisschen nach?

Tatsächlich. Ein paarmal schlägt er noch mit seinen Hinterbeinen aus, dann liegt er schnaufend still.

Wie hat Bertl das bloß gemacht?

Tim wirft mir einen verdutzten Blick zu, aber ich kann nur ratlos mit den Schultern zucken.

»Guuut machst du das«, sagt Bertl zu dem armen Wulfi. Dabei streichelt er über den verschwitzten Pferdehals. »Ganz ruuuhig. Bald kommt Hilfe. Und solange bleibe ich bei dir. Versprochen.«

Der kleine Hengst liegt immer noch still da; nur sein

hektisches Atmen und seine verzweifelten Blicke spiegeln noch seine Angst.

Nun hab ich endlich Zeit, auf seine gefesselten Vorderbeine zu schauen.

»Du lieber Himmel«, murmele ich, denn die weißen Bänder des Zaunes haben rote Flecken!

»Hoffentlich funktioniert die Durchblutung noch!«, flüstert Tim erschüttert.

»Daran hab ich ja noch gar nicht gedacht«, antworte ich erschrocken.

Wenn doch nur Vera und Philipp endlich kämen! Ich sehe mich um.

Uff! Da sind sie, noch ziemlich weit entfernt. Aber sie rennen, so schnell sie können.

Ich schaue wieder Wulfi an. Zum Glück liegt er immer noch ganz ruhig da. Jetzt hat er sogar seine Augen geschlossen; nur sein Schweif, mit dem er ab und zu auf das Gras schlägt, verrät noch seine Anspannung.

»Sag mal, wie hast du das geschafft?«, frage ich.

Bertl überlegt einen Moment. »Weiß auch nicht«, antwortet er dann. »Ich war schon immer ganz gut darin, Pferde zu beruhigen. Keine Ahnung, warum. Wisst ihr, meine Nachbarn haben Traber und ich bin schon seit Jahren fast jeden Tag bei ihnen im Stall. Da kriegt man halt Übung. Ab dem nächsten Jahr werde ich übrigens eine Ausbildung als Trabrennfahrer machen.«

»Ich glaube, das ist eine sehr gute Idee«, meine ich.

Vera und Philipp sind nun fast bei uns. Sie gehen langsamer, um das verängstigte Fohlen nicht zu erschrecken, und ich erkenne, dass Vera zwei Führstricke in der Hand hat und ihr Sohn eine Metallschere trägt.

»Na prima«, seufzt Tim. »Jetzt müssen sie nur noch Wulfi frei schneiden.«

Nur noch ist gut, denke ich. Wenn sie das versuchen, wird das arme Kerlchen doch bestimmt wieder panisch und dann …

»Du lieber Himmel!« Philipp ist stehen geblieben; schockiert starrt er auf den kleinen Hengst.

»Tim, kannst du einen Tierarzt anrufen?«, fragt Vera. »Am besten deinen Vater. Er war zwar noch nie bei uns, aber du kennst seine Telefonnummer bestimmt auswendig. Sag ihm bitte, es sei eilig. Wenn er keine Zeit hat, soll er einen Kollegen verständigen. Ohne Beruhigungsmittel kriegen wir Wulfi nämlich nie und nimmer frei. Und selbst wenn, würden wir hinterher sowieso einen Tierarzt brauchen.«

»Ja klar.« Tim zieht sein Handy aus der Tasche und geht ein paar Schritte zur Seite, um besser sprechen zu können.

»Wir müssen trotzdem versuchen, Wulfi alleine loszukriegen«, widerspricht ihr Philipp.

»Stimmt«, unterstütze ich ihn. »Es muss doch furchtbar sein, so hilflos gefesselt dazuliegen. Und dann noch die Schmerzen …«

»Eben.« Philipp will losgehen, aber Vera legt ihm die Hand auf den Arm.

»Lass es«, sagt sie in einem sehr entschiedenen Ton. »Dank Bertls Hilfe ist Wulfi im Moment ganz ruhig. Wenn du dich an ihm zu schaffen machst, wird er mit Sicherheit wieder panisch. Dann kannst du die Bänder garantiert nicht mehr durchschneiden, sie werden sich eher noch fester zuziehen und er bekommt noch schlimmere Schmerzen. Darum wird er sich noch stärker wehren.«

»Kurz gesagt: Es gibt eine Katastrophe«, füge ich hinzu.

Philipp denkt kurz nach, dann meint er: »Hast recht.«

Da kommt Tim zurück. »Alles klar. Ihr habt mächtig Glück«, erklärt er. »Papa ist gerade bei einem Bauern in Schönram, also nur ein paar Kilometer entfernt. Dort ist er auch so gut wie fertig und kann sofort zu uns kommen. Er meint, dass er schon in ungefähr zehn Minuten hier sein müsste.«

»Na also«, seufzt Vera.

Da stehen wir nun. Und wir können nichts tun, außer Wulfi anzuschauen und zuzusehen, wie die Blutflecken auf den um seine Vorderbeine geschlungenen Bändern langsam größer werden. Wenigstens liegt das arme Kerlchen immer noch ruhig da. Nur an seinen geweiteten Nüstern und dem schweren Atem erkennen wir, dass es ihm nicht gut geht.

Bertl kniet neben ihm, spricht leise mit ihm und streichelt ihm zärtlich über Hals und Rücken. Ich bewundere ihn wegen seiner Ausdauer und Geduld. Aber ich kann mir immer noch nicht ganz erklären, wie er es hinkriegt, den verängstigten Wulfi so zu beruhigen.

Wir anderen sprechen kaum ein Wort. Ich glaube, wir haben alle Angst, Wulfi zu erschrecken. Nach einiger Zeit geht Vera langsam zu seinem Weidegenossen Wasi hinüber und befestigt vorsichtig ihren Führstrick an seinem Halfter. Dann schaut sie wohl zum hundertsten Mal in Richtung Hof Glückstal ... und atmet sichtbar auf.

Ich drehe mich um. Ja, da kommen wirklich zwei Leute im Eilschritt auf uns zu. Der eine ist Greg und bei dem anderen handelt es sich eindeutig um Tims Vater. Ich hab ja erst letzten Sonntag sein Bild auf der Website seiner Praxis gesehen.

Jetzt haben wir's bestimmt bald geschafft, sage ich mir erleichtert. Hoffentlich geht alles gut! Und hoffentlich hat Wulfi sich nicht allzu schwer verletzt!

Greg und Dr. Holzner sind bei uns angekommen.

»Hallo«, sagt der Tierarzt nur kurz, wobei er schon zu dem am Boden liegenden jungen Hengst hinüberschaut. »Gut, dass Sie mich gerufen haben. Ich glaube nicht, dass jemand ihn ohne den Einsatz von Beruhigungsmitteln befreien könnte. Außerdem haben Sie einen prima Helfer. Mensch, Junge, das machst du ja toll!«

Lächelnd hebt Bertl kurz den Kopf, dann konzentriert er sich schon wieder auf Wulfi.

»Das ist Albert Moser«, stellt Vera ihn vor. »Er wird im nächsten Sommer drei Monate lang ein Praktikum bei uns machen. Das ist die Voraussetzung für seine Lehre auf der Salzburger Trabrennbahn, mit der er in einem Jahr anfangen wird.«

So ist das also. Vera hat sich einen prima Praktikanten geholt, finde ich. Bertl ist ja wohl so was wie ein geborener Pferdeflüsterer. Außerdem scheint er sehr nett zu sein.

Während Dr. Holzner seine Arzttasche öffnet, schaue ich mir Albert noch einmal genauer an.

Oh, er sieht richtig sympathisch aus und auch irgendwie besonders. Wegen all der Aufregung ist mir das bis jetzt noch gar nicht aufgefallen. Er hat große, grüngraue Augen und jede Menge frecher Sommersprossen. Seine Haare sind dunkelkastanienrot und lockig. Außerdem wirkt er recht sportlich. Kein Wunder eigentlich, da er doch jede Menge Zeit im Pferdestall verbringt. Ich kann mir total gut vorstellen, wie er in ein, zwei Jahren als Trabrennfahrer in einem Sulky sitzt und ein schnelles, edles Pferd lenkt.

»So, dann werd ich mal anfangen.« Dr. Holzners Stimme reißt mich aus meinen Gedanken. Schnell sehe ich zu ihm hinüber. Er hat eine Spritze herausgeholt; gerade zieht er sie auf. Dann geht er langsam auf Wulfi zu, kniet vorsichtig an seinem Kopf nieder und legt seine Hand auf den unteren Teil des Pferdehalses.

Wulfi öffnet seine Augen. Er will den Kopf heben, doch da hat der erfahrene Tierarzt schon die passende Vene gefunden und sticht entschlossen zu. Das erschrockene Fohlen versucht aufzuspringen; Bertl und Dr. Holzner machen schnell einen Satz und der gefesselte Wulfi fällt wieder auf die Seite. Heftig schlägt er mit den Hinterbeinen aus, verzweifelt zerrt er an seinen schmerzenden Fesseln, versucht, noch einmal aufzustehen, dann sackt er plötzlich in sich zusammen, liegt keuchend da ... Doch allmählich wird sein Atem ruhiger. Bald liegt er ganz still; seine Augen sind nur noch halb geöffnet.

Das sieht total beängstigend aus. Besorgt flüstere ich Greg zu: »Was ist, wenn dein Vater ihm zu viel von dem Mittel gegeben hat?«

Zu meiner Erleichterung schüttelt er den Kopf. »So was passiert ihm nicht. Dazu hat er viel zu viel Erfahrung. Wie ich ihn kenne, hat er Wulfi eher zu wenig gegeben. Jetzt muss er sich beeilen, damit er fertig ist, bevor der Kleine wieder aufwacht. Also: Reg dich mal nicht auf! Pferde, die ein Beruhigungsmittel bekommen haben, sehen immer so ähnlich aus wie Wulfi jetzt.«

Nun erst bemerke ich, dass es Albert in dem plötzlichen Chaos erwischt hat. Er hält sich die linke Schulter und ein bisschen blass ist er auch.

Eilig gehen wir zu ihm hinüber.

»Alles klar?«, fragt Greg.

»Geht schon«, erklärt Bertl gepresst. »Das gibt bestimmt einen saftigen blauen Fleck. Aber mehr ist wahrscheinlich nicht passiert.« Zum Beweis beißt er die Zähne zusammen, hebt seinen linken Arm hoch und bewegt ihn ein bisschen.

»Na dann«, sage ich erleichtert und Greg klopft ihm auf die rechte Schulter.

Das sehe ich allerdings nur noch aus den Augenwinkeln, denn ich beobachte mit angehaltenem Atem, wie Dr. Holzner behutsam die verschlungenen Bänder des Zaunes entwirrt und sie von Wulfis Vorderbeinen abwickelt.

Anfangs lässt er den kleinen Hengst dabei nicht aus den Augen. Aber der kriegt offenbar gar nicht mit, was passiert. Darum wendet sich der Tierarzt schließlich ganz seiner Arbeit zu.

Umso mehr er das Fohlen befreit, umso schlimmer sind dessen Fesseln mit Blut verschmiert. Dann zeigt sich das ganze Ausmaß des Schadens: An mehreren Stellen haben sich die Bänder richtig tief in Wulfis Beine gegraben. Bei dem Anblick wird mir ganz mulmig.

Aber Dr. Holzner ist nicht zu schocken; cool und absolut professionell untersucht er die Wunden.

»Es sieht schlimmer aus, als es ist«, urteilt er dann. »Das Kerlchen hat nur ein paar tiefe Schnitte in den Fesseln. Sehnen, Bänder und Knochen sind in Ordnung. Wulfi wird also keinen bleibenden Schäden zurückbehalten. Allerdings muss er ein paar Tage im Stall verbringen, bis die Wunden einigermaßen gut verheilt sind.«

Dann beugt er sich wieder über das Fohlen und beginnt, die Verletzungen zu desinfizieren, zu nähen und Verbände anzulegen.

Währenddessen geht Philipp zu Wulfi hin und befestigt den Führstrick an seinem Halfter.

»Dein Vater hat echt was drauf«, flüstere ich Tim zu.

Der nickt und ich kann ihm ansehen, wie stolz er auf seinen Vater ist.

Bald darauf ist Dr. Holzner fertig. Er wirft Wulfi einen prüfenden Blick zu, dann räumt er mit ein paar schnellen Griffen die Geräte und den Abfall in seine Tasche. Dabei beobachtet er den betäubten kleinen Hengst die ganze Zeit aufmerksam.

Tatsächlich scheint langsam wieder Leben in das Fohlen zu kommen. Seine Ohren beginnen zu zucken, dann öffnet es die Augen, hebt benommen den Kopf ...

Dr. Holzner springt auf und tritt ein paar Schritte zurück. Fast im gleichen Moment versucht Wulfi aufzustehen.

Bereits im zweiten Anlauf klappt es. Schwankend balanciert er auf seinen vier Beinen und schaut verwirrt um sich. Dann schüttelt er sich kräftig.

Vera lacht; sie ist offensichtlich sehr erleichtert.

»Sollen wir die beiden jetzt in den Stall bringen?«, fragt Philipp.

»Ja, aber gehen Sie langsam und vorsichtig. Ihr Wulfi ist nämlich noch nicht ganz klar im Kopf. Er könnte leicht stolpern und hinfallen«, erklärt Dr. Holzner.

»Wie wäre es, wenn ich mich schon mal auf den Weg mache und den großen Laufstall mit Stroh einstreue?«, schlage ich vor.

»Gute Idee«, findet Vera.

»Ich helfe dir«, erklärt Tim.

»Aber gerne.« Ich strahle ihn an und denke mir: Wunderbar! Dann bin ich noch mal ein bisschen mit dir alleine.

Das war so schön eben, als wir zusammen an Samanthas Weide gestanden haben.

Aber Pustekuchen! Denn Bertl und Greg schließen sich uns wortlos an.

Okay, das ist ja bestimmt nett gemeint. Trotzdem würde ich die beiden jetzt am liebsten zum Mond schießen. Mit gerunzelter Stirn stapfe ich hinter den dreien her zum Hof Glückstal.

4

Hoher Besuch

Gemeinsam bereiten wir den Stall für die beiden Fohlen vor, dann stopfen wir zwei Heunetze. Als Vera und Philipp mit den beiden kleinen Hengsten kommen, sind wir schon fast mit allem fertig.

»Dr. Holzner ist bereits zum nächsten Patienten unterwegs«, erklärt Vera. »Ich bin ihm so dankbar, weil er so schnell bei uns war und uns so toll geholfen hat! Am liebsten hätte ich ihn ja noch zu einer Tasse Kaffee eingeladen. Wo Oma doch sowieso einen Kuchen gebacken hat, um unseren Feriengast zu begrüßen ...«

Aber ja, heute kommt Lilly von Kayersburg! Vor lauter Aufregung wegen Wulfi hatte ich das glatt vergessen. Bis sie hier ist, dauert es bestimmt gar nicht mehr lange und wir müssen uns jetzt echt beeilen.

Fünf Minuten später, als Bertl gerade die Heunetze aufhängt, Greg die Stallgasse kehrt und Tim und ich aufräumen, schaut Oma herein. »Beeilt's euch ein bisserl, ja? Das Mädl hat ang'rufen. Sie fährt grad durch den Wald.«

»Was wisst ihr eigentlich über diese ... Wie hieß sie doch gleich?«, fragt Bertl.

»Lilly von Kayersburg«, kläre ich ihn auf. »Na ja, dass sie adelig ist. Ihre Eltern haben sogar ein Schloss. Und dort züchten sie Vollblutaraber. Einen davon, ihr Lieblingspferd, darf sie hierher mitbringen.«

»Vollblutaraber. Wow!«, meint Bertl.

Tim zieht respektvoll die Augenbrauen hoch. »Bestimmt kann sie gut reiten.«

»Das glaube ich auch«, bestätige ich. »Wir werden sie ja bald live erleben. Bin schon echt gespannt.«

Er wirft noch schnell die letzten zusammengekehrten Strohhalme in den Stall, dann gehen wir in Richtung Ausgang. Dabei hören wir das Brummen eines Automotors.

»Aha, das wird sie wohl sein«, stelle ich fest ... und wäre beinahe in Greg und Tim hineingelaufen.

Huch! Die haben ja glatt eine Vollbremsung gemacht!

Jetzt stehen sie wie festgefroren in der Tür und starren mit offenen Mündern auf den Hof.

»Was ist denn los?«, fragt Bertl hinter mir.

»Keine Ahnung«, antworte ich, weil ich leider nicht über die Schultern der beiden schauen kann.

Vorsichtig stupse ich Tim an der Schulter an.

Keine Reaktion. Was ist denn mit dem los?

»He, ihr zwei, sagt wenigstens was!«, fordere ich sie auf.

»Das gibt's doch wohl nicht!«, murmelt Greg heiser. Aber ich bin mir nicht sicher, ob das eine Reaktion auf meine Worte war.

Dann haucht Tim ergriffen: »Im Hof steht ein richtiger Rolls-Royce.«

»Wie bitte?«, fragt Bertl fassungslos.

Okay, jetzt reicht's! Ich atme tief durch und drängele mich energisch an Greg vorbei durch den engen Ausgang.

Nun sehe ich es auch: Nur ein paar Schritte von uns entfernt, leuchtet ein schweres dunkelblaues Auto mit einem Pferdeanhänger im Schlepptau in der Nachmittagssonne.

Umwerfend elegant, ja regelrecht vornehm, sieht der Wagen aus. Und auf seinem Kühlergrill glänzt wirklich die kleine silberne Figur einer leicht nach vorne gebeugten, geflügelten Frau. Sogar ich weiß, dass sie das Emblem der Firma Rolls-Royce ist.

»Eindeutig ein Ghost«, stellt Tim fachmännisch fest.

Geist. Na, das passt wirklich. Diese Luxuskarosse kommt mir tatsächlich so unwirklich vor wie eine Geistererscheinung. Ich würde mich nicht im Geringsten wundern, wenn sie sich schon bei meinem nächsten Atemzug in Luft auflösen würde.

Aber das tut sie nicht. Und wenn ich mir die Leitmayrs so ansehe, wird mir klar, dass ich doch nicht träume. Aufgereiht wie die Perlen auf einer Schnur, stehen sie vor der Eingangstreppe des Hauses: Oma mit Wuschel an der Leine und Philipp, der Erna am Halsband festhält, dann Vera und zuletzt Mia.

Also hat sie's im letzten Moment doch noch geschafft.

Bestimmt hat sie sich mächtig beeilt, damit sie rechtzeitig hier ist. Sie trägt nämlich immer noch ihre alten Turnschuhe, eine verwaschene, mit grünlichem Schmutz verschmierte Jeans und ein altes T-Shirt, das ihr viel zu groß ist und wahrscheinlich von ihrem älteren Bruder stammt. Und sie macht den Eindruck, als wäre sie gerade um zehn Zentimeter geschrumpft.

Philipp dagegen ist die Kinnlade heruntergeklappt. Vor lauter Staunen ist ihm gerade Ernas Halsband aus der Hand geglitten. Zum Glück hat das keine direkten Folgen, denn die coole Sau hockt, ausnahmsweise gemütlich dösend, auf ihrem Hinterteil. Sie scheint ihre unerwartete Freiheit noch gar nicht bemerkt zu haben.

Doch sie ist mit Sicherheit die Einzige, die sich nicht die Bohne für die superteure Luxuskarosse interessiert. Denn neben ihr macht Oma Leitmayr ein Gesicht, als würde sie am liebsten die Flucht ergreifen.

Das Erscheinen eines echten Rolls-Royce ist offenbar auch den anderen Bewohnern Gessenhausens nicht verborgen geblieben. In der Toreinfahrt drängeln sich jede Menge Leute, die aufgeregt miteinander tuscheln. Und die Menschentraube wird immer größer.

»Ich hab gar nicht gewusst, dass Gessenhausen so viele Einwohner hat«, brummt Tim. »Lilly muss sich vorkommen wie eine Giraffe im Zoo.«

»Darüber darf man sich ja wohl nicht wundern, wenn man ausgerechnet hier unbedingt mit einem Rolls-Royce aufkreuzt«, antworte ich und beschließe, mir niemals so ein Auto zuzulegen. Nicht mal, wenn ich wider Erwarten einen Ölscheich heiraten sollte.

Jetzt öffnet sich die Fahrertür und ich runzele verwirrt die Stirn. Denn der Mann, der aussteigt, macht zwar einen außerordentlich vornehmen Eindruck, aber mit seiner Glatze, dem dünnen grauen Haarkranz darum herum und den vielen Falten im Gesicht scheint er eher Lillys Opa als ihr Vater zu sein.

Vera ist die Einzige, die halbwegs entspannt geblieben ist. Oder wenigstens lässt sie sich nichts anmerken. Freundlich lächelnd, geht sie auf den älteren Herrn zu, doch nach zwei Schritten hält sie inne. Der Mann schreitet nämlich mit gemessenen Schritten um die breite Front des Autos herum, dann öffnet er mit einer leichten Verbeugung die Tür.

»Ich glaub's nicht. Lilly hat tatsächlich einen Chauffeur«, staunt Bertl.

Jetzt weiß ich überhaupt nicht mehr, was ich sagen soll. Denn nun steigt ein Mädchen langsam aus dem Auto. Ihre langen schwarzen Haare wehen im Wind, und obwohl sie einen dünnen Sommermantel trägt, ahne ich, dass sie darunter eine Modelfigur hat. Über ihrer linken Schulter hängt eine schwarze, mit Sicherheit echt lederne Handtasche und auf ihrer schmalen Nase sitzt eine elegante Sonnenbrille.

Da steht sie nun, eine echte Lady-to-be, und sieht sich langsam um. Also ehrlich: Es würde mich überhaupt nicht wundern, wenn im nächsten Moment ein paar Fotografen aus der Zuschauermenge springen und das Fräulein von und zu Kayersberg mit hektischem Blitzlichtgewitter überschütten würden. Blöd nur, dass ich wegen dieser doofen Sonnenbrille nicht sehen kann, wohin sie gerade ihre adeligen Blicke richtet.

Oje, und ich trage nur stinknormale Reithosen; meine Haare sind vom Wind verwuschelt und die Stiefel bis über die Knöchel voller Dreck!

Plötzlich überkommt mich der heftige Wunsch, auf mein Zimmer zu flüchten und das merkwürdige Geschehen aus sicherer Entfernung durch mein Fenster zu beobachten.

Doch dann wird mir klar, dass die anderen auch nicht besser dastehen. Tim scheint das gerade genauso schmerzlich bewusst zu werden, denn er schaut an sich hinunter, auf sein abgetragenes T-Shirt, die fleckigen, ausgefransten Jeans und die schmutzigen Gummistiefel.

Die Verlegenheit in seinem Gesicht lässt mich trotzig werden. »Mach dir nichts draus«, flüstere ich ihm zu. »Du bist zum Reiten hier und nicht, um auf einem Opernball zu tanzen oder einen Orden zu kriegen. Lilly ist es, die nicht hierherpasst. Wetten, das adelige Fräulein hat noch nie in seinem vornehmen Leben Sattelzeug eingefettet oder Heuballen geschleppt oder einen Pferdestall ausgemistet?«

»Hast ja recht«, antwortet er ein bisschen erleichtert. »Ich frag mich nur: Wie sollen denn ausgerechnet solche handfesten Leute wie die Leitmayrs mit jemandem wie Lilly klarkommen?«

Das weiß ich doch auch nicht.

Nun setzt Vera sich endlich wieder in Bewegung. Freundlich lächelnd, streckt sie ihre Hand in Richtung Lilly aus ... Doch da erklingt ein lautes Grunzen! Erna ist aufgesprungen, trabt eilig auf die Besucherin zu und beschnuppert ihren schicken cremefarbenen Mantel und die echt lederne Handtasche neugierig mit ihrer feuchten Schweineschnauze.

Erschrocken weicht Lilly einen Schritt zurück. Ihr vornehmer Chauffeur macht ein entsetztes Gesicht und zu allem Unglück fängt jetzt auch noch Wuschel laut an zu jaulen, weil Oma und die Hundeleine ihn nachdrücklich daran hindern, hinter Erna herzulaufen.

Vera kriegt einen roten Kopf. Sie rennt zu Erna und packt die freche Sau am Halsband, wobei sie sich wort- und gestenreich entschuldigt. Dann marschiert sie, ihr zahmes Schwein entschlossen hinter sich herziehend, zu Philipp und drückt ihm das Halsband in die Hand. Dabei wirft sie ihm einen derart vernichtenden Blick zu, dass er eingeschüchtert die Schultern hochzieht. Sie holt noch einmal tief Luft und wendet sich wieder Lilly zu, die sich gerade mit ihren schlanken Fingern den Mantel abklopft.

Während die beiden miteinander reden, geht der Chauffeur zum Kofferraum des Rolls-Royce, hebt zwei große, offenbar schwere Taschen heraus und schleppt sie zur Treppe.

»So gut möchte ich's auch mal haben«, flüstere ich.

»Du kannst ja mich engagieren, wenn du das nächste Mal in Urlaub fährst«, witzelt Tim. »Für zwanzig Euro pro Stunde bin ich dabei.«

Grinsend gebe ich ihm einen Rippenstoß.

Der Chauffeur setzt das Gepäck kurz auf der Eingangstreppe ab und spricht ein paar Worte mit Philipp. Der nickt und drückt Mia Ernas Halsband in die Hand, geht zu dem Pferdetransporter hinüber und öffnet ihn.

Dann klappt ihm die Kinnlade hinunter.

Mit ein paar schnellen Schritten ist Vera bei ihm, bleibt ebenfalls stehen und macht große Augen.

»Dadrin muss ja ein richtiges Wundertier sein«, stellt Greg fest.

»Ich hab echt keine Lust mehr, hier rumzustehen und aus der Entfernung zuzugucken«, sage ich zu den Jungs. »Darum werde ich zu den beiden hingehen und ...«

Da rührt sich Philipp plötzlich wieder. Langsam und vorsichtig, um das Pferd im Transporter nicht zu erschrecken, geht er hinein.

»Na gut, dann bleib' ich eben hier«, brumme ich.

Ein paar Atemzüge später bleibt auch mir die Luft weg. Denn es rumpelt leise ... und das eleganteste, edelste, schönste Pferd, das ich jemals gesehen habe, klettert aus dem Transporter. Schneeweiß und sehr schlank, mit langen, feinen Beinen und einem hocherhobenen Schweif steht es in der allmählich sinkenden Sonne. Seine lange, seidige Mähne weht im Wind.

Als durch die Menschenmenge am Tor ein Raunen geht, wendet das Pferd seinen Kopf ... und ich stoße einen Seufzer aus. Was hat es doch für ein schönes Gesicht: riesengroße schwarze Augen, die sich gelassen, aber interessiert umsehen, und eine auffällig runde Stirn, die zu den geweiteten Nüstern hin schmaler wird.

»Der berühmte arabische Hechtkopf«, murmelt Tim beeindruckt.

Greg dagegen ist cool geblieben. »Das ist eine Stute, schätze ich«, stellt er fest. »Jedenfalls kann ich zwischen ihren Hinterbeinen nichts Gegenteiliges erkennen.«

Will er uns mit dieser Bemerkung ein bisschen aufziehen oder möchte er uns eher auf den Boden der Tatsachen zurückholen?

Erfolg hat er jedenfalls nicht. Denn wir stehen immer noch still da und starren auf diese Tänzerin auf vier Beinen, auf deren silbrigem Fell die goldenen Strahlen der Spätsommersonne spielen.

Auch Philipp hat sich erst mal an den Anblick von Lillys Pferd gewöhnen müssen. Nun sagt er ein paar Worte, die ich nicht verstehen kann, und bringt die Stute in den Stall. Schweigend schauen wir ihr nach, bis sie unseren Blicken entschwunden ist. Dann gehen wir endlich zu den anderen hinüber. Vera zeigt dem neuen Gast das Zimmer, während Philipp und der Chauffeur das Gepäck die Treppe hinaufschleppen.

Als er wieder im Erdgeschoss auftaucht, fragt Oma den schwitzenden älteren Herrn, ob er nicht »mit den andern zusamm' ein Kaffee trinkn'« wolle.

Doch er schüttelt den Kopf. »Eigentlich würde ich das gerne tun«, erklärt er. »Aber die gnädigen Herrschaften brauchen mich schon in einer Dreiviertelstunde.«

»Da können S' wohl nix machen«, resigniert Oma mitleidig. Sie schüttelt ihm zum Abschied die Hand und sieht ihm mit gerunzelter Stirn nach, während er mit eiligen Schritten das Haus verlässt.

»Gnädige Herrschaften. Na, so was«, wundert sich Mia, die neben mir in der offenen Küchentür steht. Dann geht sie zurück zur Kaffeemaschine, um den Filter mit Kaffeemehl zu befüllen.

Ich schneide vorsichtig Omas Zwetschgenkuchen an. »Dieser Chauffeur kommt mir so vor, als wäre er dem vorletzten Jahrhundert entsprungen«, stelle ich dabei fest. »Wie der sich benimmt! Und wie er redet ...«

»Vielleicht wollen die von Kayersburgs wirklich so angesprochen werden«, gibt sie zu bedenken.

Ich verdrehe die Augen. »Dann ist Lilly bestimmt das gnädige Fräulein.«

Sie kichert. »Auweia! Hoffentlich müssen wir sie nicht auch so anreden.«

Bloß nicht!, denke ich erschrocken. Aber laut sage ich: »Dann werden wir das halt machen. Schließlich geht es um das Überleben vom Hof Glückstal und um die Pferde.«

Als ich die Kuchenplatte auf den runden Esstisch stelle, kommt Oma herein. Schnurstracks geht sie zum Küchenfenster, wirft einen kritischen Blick hinaus und stößt einen erleichterten Seufzer aus. »Dem Herrgott sei's g'dankt. Die vielen Leut ham sich endlich verzog'n.«

»Wen wundert's? Schließlich ist der Rolls-Royce weg«, brummt Philipp, der gerade in die Küche tritt.

Hinter ihm schiebt sich Tim durch die Tür. »Das war ja wohl ein tolles Auto, was?«

Mit den Händen in der Hosentasche lehnt sich Philipp an den Küchenschrank. »'n Traktor ist mir lieber.«

Mia klopft ihm im Vorbeigehen auf die Schulter. »Das glaub' ich dir. Oder hat hier schon mal jemand 'nen Rolls-Royce beim Miststreuen gesehen?«

Nur mit allergrößter Mühe kann ich verhindern, dass ich loskichere.

Tim grinst. »Wirklich brauchen tut 'nen Rolly Royce tatsächlich niemand.«

»Höchstens zum Angeben«, ergänzt Bertl aus dem Flur.

»Recht hast du!«, rufe ich ihm zu und öffne den Kühlschrank, um Sahne und Kondensmilch herauszuholen.

Philipp zuckt die Achseln. »Mal was anderes: Wann gibt's denn endlich Kuchen?«

»Wenn Vera mit unsrem Gast hier ist«, klärt Oma ihn auf. »Ihr könnt's euch aber ruhig schon mal an den Tisch setzn. Den Stuhl rechts von Vera lasst ihr aber für Lilly frei, ja?«

»Wird gemacht«, meint Mia, schaltet die Kaffeemaschine an und lässt sich auf ihren Lieblingsplatz unter dem Herrgottswinkel sinken.

Ich hocke mich neben sie und zu meiner riesengroßen Freude setzt sich Tim an meine linke Seite.

»Nimm dir den Schemel, ja, Buab?«, sagt Oma zu Bertl. »Ich bin zu alt, um dadrauf zu sitzn.«

»Klar«, meint Bertl, holt sich das Teil und stellt es neben Tim.

Als die Kaffeemaschine nicht mehr gluckert, höre ich Schritte im Flur. Dann betritt Lilly von Kayersburg die Küche. Gespannt halte ich die Luft an.

Lilly bleibt in der Tür stehen und schaut sich um.

Ich mustere sie neugierig.

Sie sieht wirklich hübsch aus mit ihren langen dunklen, leicht gelockten Haaren, dem fein geschnittenen Gesicht mit den blauen Augen und der zierlichen Figur. Aber ich frage mich, warum sie ausgerechnet hier diesen teuren Kaschmirpullover, die nagelneue Designerjeans und den goldenen Ring tragen muss. Damit wirkt sie bei uns nämlich so was von deplatziert ...

Ob sie sich wohlfühlt in dieser großen, mit alten Bauernmöbeln eingerichteten Küche mit ihren dicken Mauern und der schweren Balkendecke? Im Moment ist ihr Gesicht jedenfalls merkwürdig ausdruckslos.

Da fällt mir siedend heiß etwas ein: Was mag Tim von ihr denken? Sie wird ihm doch nicht etwa gefallen?

Schnell werfe ich einen Blick zu ihm hinüber.

Uff! Er sieht sie gar nicht an, sondern unterhält sich angeregt mit Philipp. Ich glaube, es geht immer noch um Autos oder Traktoren.

»Setz di, Madl«, fordert Oma ihren Gast auf und zieht den freien Stuhl neben Veras Stammplatz ein bisschen zurück.

»Danke, sehr gerne«, antwortet Lilly und nimmt Platz. Besser gesagt: Sie lässt sich nieder, mit einer vornehm-eleganten Bewegung, die bestens zu ihrer todschicken Kleidung, aber überhaupt nicht zu den groben Küchenmöbeln passt.

Während sie ihren teuren Pullover zurechtzieht, werfe ich Mia einen fragenden Blick zu. Doch sie zuckt nur mit den Achseln.

Noch einmal sieht unser Gast in die Runde. Was mag sie wohl von uns denken, die wir, nach Stall müffelnd, in schmutzigen Klamotten und mit Stroh in den Haaren, auf der Holzbank hocken?

»Hallo«, sagt sie in einem ziemlich unpersönlichen Ton.

Ganz ehrlich: Ich hab mich hier in Leitmayrs Küche schon mal erheblich wohler gefühlt als heute. Den anderen geht es bestimmt auch nicht besser, denn ich kann deutlich spüren, dass Tim neben mir ein wenig steif wird. Philipp runzelt die Stirn und Albert kriecht auf seinem niedrigen Hocker ein bisschen in sich zusammen. Ich hab das ungute Gefühl, dass er am liebsten unter der dicken Tischplatte verschwinden würde.

Du hast es heute echt nicht leicht, denke ich und er tut mir glatt ein bisschen leid. Schließlich ist er bei uns noch ganz fremd und dann schwebt auch noch dieses vornehme Fräulein von-und-zu bei uns herein.

»Ja, hm, guten Tag«, bringt ausgerechnet Philipp als Erster hervor.

»Freut mich, dass du hier bist«, fügt Tim hinzu.

»Mich auch.« Mia bemüht sich um ein Lächeln, aber sie sieht so aus, als hätte sie gerade auf eine Zitrone gebissen.

Soll ich jetzt vielleicht auch was sagen?, überlege ich. Fragt sich nur: Was?

Doch da kommt endlich auch Vera herein, mit Wuschel an ihrer Seite. Der Hund trabt sofort zu seiner frisch gefüllten Futterschale und beginnt zu fressen.

»Tut mir leid, dass ihr warten musstet«, entschuldigt sie sich. »Gerade ging das Telefon. Dr. Oberwiesner vom Denkmalamt war dran.«

»Was wollt' er denn?«, fragt Oma und holt die Kaffeekanne.

Als Vera sich hinsetzt, wird es definitiv ein bisschen

eng auf unserer Bank, die eigentlich nur für drei Personen gedacht ist. Nur gut, dass Greg zurück zur Fohlenweide gegangen ist, um sich wieder seiner Forschungsarbeit zu widmen. Wenn er hiergeblieben wäre, hätte mit Sicherheit jemand seinen Kuchen im Stehen essen müssen.

Dass wir auch so schon Platzprobleme haben, stört mich aber nicht die Bohne. So bleibt Tim nämlich gar nichts anderes übrig, als sich ziemlich dicht an mich zu drücken. Und das ist ein total schönes Gefühl.

»Entschuldigung!«, flüstert er mir zu, als er mit seinem schweren Schuh gegen meinen Unterschenkel stößt.

»Kein Thema.« Ich lächele ihn an, versinke beinahe in seinen wunderschönen Augen und denke mir: Wenn du nur wüsstest ...

»Dr. Oberwiesner will nächste Woche noch mal vorbeikommen«, antwortet Vera auf Omas Frage. »Diesmal geht's um unseren alten Keller.«

»Um den großen Gewölbekeller mit dem Kieselstein-Fußboden?«, hakt Mia nach.

»Ja genau. Er nimmt an, dass der Raum noch aus dem Mittelalter stammt«, erklärt sie. »In den letzten Tagen hat er sich die alten Pläne von Gessenhausen sowie einige Urkunden und historische Berichte angesehen. Seitdem geht er davon aus, dass unser Hof Glückstal das älteste Gebäude im Dorf ist. Wahrscheinlich hat er ursprünglich sogar zu der alten Burg gehört.«

»Hat ihn vielleicht der Schwarze Ritter bauen lassen?« Mia macht große Augen. Ich kann mir denken, dass es sie gerade mächtig gruselt.

»Könnte schon sein«, stimmt Vera ihr zu. »Jede Burg hatte damals ein Bauerngut, wie Dr. Oberwiesner sagt. Man musste die Bewohner schließlich mit Essen versorgen. Und so ein Hof hat ja irgendwo gestanden.«

»Magst vielleicht an Zwetschgnkuchn?«, fragt Oma ihren neuen Gast.

Zuerst schaut Lilly ein bisschen verwirrt, doch dann hat sie Omas oberbayerischen Dialekt verstanden und gibt ihr den Teller. »Ja gerne, vielen Dank. Aber bitte nur ein kleines Stück.«

Oma wirft ihr einen ratlosen Blick zu. Aber das merkt Lilly nicht, denn Wuschel kommt gerade zu ihr und sieht sie mit seinen treuen Hundeaugen freundlich an. Lächelnd hält Lilly ihm ihre Hand zum Schnuppern hin.

»Gessenhausen hat also eine Burg?«, fragt sie dabei.

»Mehr oder weniger«, antwortet Philipp, während Oma mit gerunzelter Stirn nach dem kleinsten Kuchenstück Ausschau hält.

»Das Gebäude ist nur noch eine Ruine, ein einziger hoher Turm mit einem Erdwall und einem Graben drum herum«, ergänzt Vera.

Lilly nickt und beginnt, Wuschel zu streicheln.

Oma stellt ihr den Teller mit dem Kuchen hin und fragt: »Willst noch Sahne?«

Doch Lilly schüttelt den Kopf. »Danke für den Kuchen. Aber er schmeckt bestimmt auch so sehr gut.«

»Mit Sicherheit. Du solltest dir aber trotzdem Sahne nehmen«, meldet sich Mia zu Wort. »Damit ist Omas Kuchen nämlich sogar noch besser.«

»Ich weiß doch auch so schon nicht, wie ich dieses riesige Stück aufessen soll«, widerspricht ihr Lilly. »Außerdem achte ich auf meine Linie.«

Bei der Art, wie sie Mia dabei mit hochgezogenen Augenbrauen mustert, weiß ich, was sie denkt. Nämlich: So fett wie du will ich auf gar keinen Fall werden!

Offensichtlich hat meine arme Freundin das auch verstanden, denn sie wird rot und senkt den Kopf.

»Jetzt nimm dich aber mal zurück! Wenn du wie Mia fast jeden Tag den Pferdestall ausmisten würdest, hättest du mit Sicherheit auch ein paar Muskeln auf deinen dürren Knochen.« Am liebsten würde ich das Lilly jetzt sagen. Aber Mia und ich haben uns geschworen, wirklich alles zu tun, damit Vera mit ihrer Reiterferien-Pension genug Geld verdient, die Renovierung bezahlen kann und den Hof Glückstal nicht verkaufen muss! Also halte ich den Mund, auch wenn mir das sehr schwerfällt.

Philipp dagegen springt Mia zur Seite. Er zieht die Sahne zu sich herüber und lädt sich demonstrativ einen riesigen Berg davon auf seinen Kuchen. »Bei uns wird hart gearbeitet. Da braucht man so was«, erklärt er dabei und sieht Lilly herausfordernd an.

Doch die gibt eiskalt zurück: »Tja, so was hab ich halt nicht nötig.«

»Ich finde, dass du ein bisschen mehr Essen trotzdem ganz gut vertragen könntest«, stellt Tim mit bewundernswerter Ruhe fest.

Bertl sagt zwar nichts, aber er nimmt sich ebenfalls auffällig viel Sahne.

Mia wirft den drei Jungs einen durch und durch dankbaren Blick zu.

Ihr seid wirklich nette Kerle, denke ich. Und ich bin mir jetzt absolut sicher, dass das Fräulein von-und-zu absolut nicht Tims Typ ist. Was für ein Glück!

An Lilly scheint aber sogar dieser deutliche Protest wie

kaltes Wasser abzulaufen. Sie mustert Tim mit einem arroganten Blick, dann meint sie: »Du hast aber einen merkwürdigen Geschmack. Immerhin hab ich Idealgewicht. Manche hier am Tisch können davon nur träumen.«

Sofort läuft Mias Gesicht wieder knallrot an.

Damit hat sie bestimmt auch mich gemeint, registriere ich und in mir beginnt der Zorn zu kochen. Offenbar glaubt sie, dass sie es bei uns mit doofen Bauernlümmeln zu tun hätte!

Jetzt platzt mir endgültig der Kragen. Ich hole Luft, um ihr zu sagen: »Na, hör mal! Dein sogenanntes Idealgewicht ist ja wohl Schnee von gestern! Ich will jedenfalls nicht rumlaufen wie eine Bohnenstange.«

Aber ich spreche es doch nicht aus, denn sie hat sich schon wieder Vera zugewandt. »Und was hat es mit diesem ... diesem Schwarzen Ritter auf sich?«

»Angeblich spukt er in der Burgruine, weil er seine Frau dort lebendig eingemauert hat«, erklärt die.

»Oha«, macht Bertl, der die Geschichte wohl auch noch nicht kennt.

»Ich hab sogar mit Leut' g'sproch'n, die ihn wirklich geseh'n hab'n«, fügt Oma hinzu, die gerade frischen Kaffee für uns macht.

Auweia! Jetzt lässt Lilly bestimmt einen hochmütigen Kommentar über diesen »dummen Aberglauben« los und Oma ist tief getroffen.

Aber im Gegenteil: »Auf dem Stammsitz unserer Familie soll auch ein Gespenst umgehen. Angeblich ist es der Geist einer Ahnherrin, die vor ungefähr siebenhundert Jahren gestorben ist. Damals belagerte ein Feind unsere Burg und die Vorräte waren alle aufgegessen. Es heißt, meine Ahnin sei lieber verhungert, als ihren Besitz den Gegnern zu überlassen.«

»... und seitdem ist es bei den von Kayersburgs Familientradition, so wenig wie nur möglich zu essen«, flüstert mir Tim ins Ohr.

Jetzt muss ich aber doch lachen. Na ja, beinahe. Mit aller Kraft nehme ich mich zusammen, aber ich verschlucke mich, fingere in höchster Not nach meiner Serviette und halte sie mir vor den Mund, bevor ich fürchterlich husten muss.

Irgendwann kriege ich wieder ein bisschen Luft. Keuchend ringe ich nach Atem, die Tränen laufen mir über die Backen, und obwohl ich Lillys Gesicht nur verschwommen sehen kann, erkenne ich, dass sie ungnädig die Nase rümpft. Dann sagt sie auch noch: »Benehmen hat ja wohl noch keinem geschadet.«

»Passiert euch Adeligen so was denn nicht?«, schnaufe ich ärgerlich.

Sie stochert in ihrem halb aufgegessenen Kuchen herum und tut so, als hätte sie mich nicht gehört.

Das gibt's ja wohl nicht! Also, am liebsten würde ich ...

Da stupst Tim mich unter dem Tisch mit dem Fuß an. »Wer weiß, vielleicht ist ihre spukende Urahnin in Wirklichkeit ja lieber an ihrer letzten Krume Brot erstickt, statt ihre vornehme Erziehung für einen kurzen Moment zu vergessen und ausnahmsweise mal kräftig zu husten«, wispert er.

Seine ironische Bemerkung bringt mich zum Glück wieder auf den Teppich und ich verkneife mir meine bitterböse Bemerkung Lilly gegenüber. Aber ich antworte: »Meine Güte, was für eine Zicke hat Vera sich diesmal bloß an Land gezogen?«

»Schau mal, Lilly, dahinten ist Wotan«, erklärt Vera. Man kann ihr den Stolz deutlich ansehen, als sie auf ihren preisgekrönten Zuchthengst zeigt.

Es ist später Vormittag und Lilly besichtigt das Gestüt. Mia und ich haben uns samt Wuschel den beiden angeschlossen. Philipp dagegen hat nur gebrummt, dass ja wohl irgendjemand ausmisten müsse, dann hat er sich abgeseilt. In Wirklichkeit ist er bestimmt heilfroh, dass er wenigstens für ein, zwei Stunden nichts mit Lilly zu tun hat. Als er uns eben nach dem Frühstück entgegenkam, hat er jedenfalls genervt die Augen verdreht.

Seit die Decksaison vorbei ist, steht Wotan auf einer großen Wiese, die er sich mit der fast dreißig Jahre alten Stute Mirabellchen teilt. Momentan sind wir allerdings noch ein gutes Stück von den beiden entfernt, sodass wir nur zwei hellbraune Flecken mit leuchtenden weißen Mähnen erkennen können.

Wotan ist Philipps ganzer Stolz, darum hat er ihn heute Morgen extra für Lilly gründlich geputzt. Auch Mirabellchen hat er gebürstet. Die alte Dame ist mit ihren deutlich sichtbaren Rippen und dem eingefallenen Rücken zwar bestimmt keine strahlende Schönheit mehr, aber er wollte, dass auch sie gut aussieht.

»Mia hat mir gesagt, dass ihr nicht nur die eine Stute besitzt, sondern sogar Araber züchtet«, hake ich bei Lilly nach.

»Vollblutaraber, um genau zu sein«, verbessert sie mich.

»Gibt's da 'nen Unterschied?«, wundert sich Mia.

Erstaunt sieht das werte Fräulein von-und-zu meine Freundin an. »Aber natürlich. Vollblutaraber sind rein gezogen.«

Okay, und was soll das jetzt heißen? Ich sehe Mia ratlos an. Aber die zuckt nur mit den Schultern.

Vera hat das wohl bemerkt. »Vollblutaraber haben fast nur Araber und so gut wie kein Pferd einer anderen Rasse als Vorfahren.«

»Genau«, stimmt Lilly ihr zu. »Unser Zuchthengst und manche unserer Stuten sind sogar asil. Auch Bint Moheefa, die ich hierher mitgebracht habe.«

Asil. Wie sie dieses Wort betont hat! Aber das hilft mir leider nicht weiter, denn ich hab null Ahnung, was sie uns damit sagen will. Und wenn ich Mias verwirrtes Gesicht sehe, weiß ich, dass es ihr genauso geht.

»Asil nennt man ein arabisches Pferd, wenn wirklich alle seine Vorfahren nachweisbar auf Pferde zurückgehen, die früher von den Beduinen in den Wüsten der Arabischen Halbinsel gezüchtet wurden«, klärt Vera uns auf.

»Aha«, macht Mia. Doch ihrem Gesichtsausdruck nach zu urteilen, scheint sie sich zu fragen, warum das so furchtbar wichtig sein soll.

Als wir an Wotans Weide ankommen, ruft Vera ihren Zuchthengst. Er hebt seinen Kopf und wiehert ihr zu, dann macht er einen Freudenhüpfer und galoppiert los. Mirabellchen folgt ihm im Zuckeltrab.

Wie sein goldenes Fell glänzt und wie seine Muskeln sich anspannen!, denke ich bewundernd.

Ich werde mich mit Sicherheit nie so ganz an den Anblick dieses kraftvollen, bildschönen Pferdes gewöhnen können.

»Ist er nicht toll?«, haucht Mia begeistert.

Lilly antwortet nicht. Stattdessen krault sie Wuschel, der sich glücklich an sie drückt. Und sie wirft Wotan, immerhin einer der drei besten Haflinger-Zuchthengste in ganz Bayern, nur einen flüchtigen Blick zu.

Vera sieht sie mit gerunzelter Stirn an, sagt aber keinen Ton.

Mia nimmt mich zur Seite. »Nur gut, dass Philipp nicht hier ist«, flüstert sie. »Jetzt würde er nämlich endgültig die Krise kriegen.«

»Und er hätte absolut recht«, antworte ich.

»Ja okay«, gibt sie zu. »Aber wenn der mal wütend ist ... Das kommt total selten vor, darum hast du es noch nie erlebt. Aber dann geht er ab wie ein wilder Stier.«

Oha. Das muss ich mir unbedingt merken!

Ich werfe Lilly, die Wotan immer noch mit gelangweilter Miene ansieht, einen zornigen Blick zu.

Du solltest dich in Zukunft mit deiner merkwürdigen Arroganz ein bisschen zurücknehmen, denke ich. Wenigstens wenn Philipp dabei ist. Der darf nämlich wenigstens wütend werden. Wir dagegen haben einen Eid geleistet. Und den werden wir halten, koste es, was es wolle.

»... und dann hat sie gesagt, einige ihrer Zuchtpferde seien asil«, erzählt Mia einige Zeit später im Stall. Bei ihren letzten Worten hat sie Lillys hochmütigen Ton so treffend nachgemacht, dass ich kichern muss.

»Na dann«, kommentiert Greg, der die frisch ausgemistete Box neben uns auskehrt.

Philipp und ich arbeiten im nächsten Stall. Er meint nur: »Aha«, und macht genauso ein ratloses Gesicht wie wir eben.

»Wetten, ihr zwei habt davon auch noch nie was gehört?«, vermute ich.

»Doch, ich schon«, meldet sich Greg zu Wort.

Während Mia sich mit der vollen Karre auf den Weg zum Misthaufen macht, erklärt er Philipp, was es mit dem merkwürdigen Wort auf sich hat. »Der Begriff stammt aus der Sprache der Beduinen. Er bedeutet reinrassig oder edel«, beendet er seine Erläuterungen.

»Und was soll das Ganze?«, zweifelt Philipp. »Unsere Haflinger sind doch auch eine Mischung aus unterschiedlichen Rassen. Trotzdem sind sie ganz tolle Pferde.«

»Da hast du absolut recht«, pflichte ich ihm bei. »Ich finde ja auch, dass es am Ende nur darum geht, ob ein Pferd gesund ist und brav und vielleicht auch noch hübsch.«

»Na ja«, mischt Greg sich ein. »Es heißt, dass die Beduinen ihre Araberpferde schon seit vielen, vielen Generationen so gezüchtet haben, dass sie mit der Zeit besonders zäh und leistungsfähig und außergewöhnlich freundlich zu Menschen geworden sind. Darum denke auch ich, dass wirklich rein gezogene, also asile Araberpferde eine bedeutende genetische Reserve sind. Außerdem sind sie ein wichtiges Kulturgut, das man unbedingt erhalten muss.«

»Na gut. Aber irgendwie hab ich nicht das Gefühl, dass es unserem Fräulein von Kayersburg nur darum geht, eine wichtige Pferderasse zu bewahren«, gebe ich zu bedenken.

»Kann schon sein«, brummt Greg. Er überlegt erst einen Moment, dann grinst er. »Lilly und diese asilen Araber haben übrigens etwas Wichtiges gemeinsam.«

»Ein großes Maul vielleicht?«, ätzt Philipp.

Greg lacht. »Das hab ich eigentlich nicht gemeint. Eher, dass sie beide einen ellenlangen, lupenreinen Stammbaum haben.«

Jetzt muss ich schon wieder kichern.

»Stimmt«, erklingt Mias Stimme von der Tür aus. »Und vielleicht hat unser Fräulein von-und-zu ja deswegen so herablassend auf Wotan hinabgeschaut, weil Haflinger keine so adelige Abstammung haben wie Vollblutaraber.«

Oh Mia, warum sagst du das denn ausgerechnet jetzt, wo Philipp dabei ist?, frage ich mich ärgerlich.

»Sie hat was?« Philipp macht ein Gesicht, als würde er am liebsten auf der Stelle mit der Heugabel in der Hand gegen Lilly zu Felde ziehen.

»Na gut, asil ist dein Wotan ja nun wirklich nicht«, stellt Greg fest.

»Aber er ist einer der drei besten Haflingerhengste in ganz Bayern«, schnaubt Philipp.

»Daran zweifele ich kein bisschen«, beruhigt ihn Greg. »Man braucht ihn doch nur anzusehen, um zu wissen ...«

»Trotzdem ist er für Lilly nur ein x-beliebiger Vertreter einer minderwertigen Bauernpferderasse oder wie?«, fällt Philipp ihm ins Wort.

Mia seufzt. »Ich fürchte, damit hast du den Nagel auf den Kopf getroffen.«

»Halt doch endlich den Mund! Du macht alles nur noch schlimmer«, hätte ich sie am liebsten ermahnt. Aber Philipp sagt jetzt nichts mehr, sondern sticht seine Mistgabel mit einer derartigen Wucht in den Mist, dass klar ist, wie sehr er vor Zorn kocht.

»Soll ich mir schon die nächste Box vornehmen?«, fragt Mia, die jetzt wohl auch kapiert hat, dass sie unbedingt das Thema wechseln muss. Und weil er nicht antwortet, fängt sie einfach dort an.

»Worauf bildet sich unser Fräulein von-und-zu eigentlich so viel ein?«, überlege ich laut. »Ihre ach so vornehme Herkunft macht sie doch nicht automatisch zu einem besseren Menschen.«

»Eher umgekehrt, in ihrem Fall«, stimmt mir Greg zu.

»Oh Mann.« Mia verdreht die Augen. »Ich möchte jetzt keine Adelige mehr sein. Wenn man so wird wie Lilly, nur weil man ein Schloss besitzt und reich ist ...«

»Das muss absolut nicht sein«, widerspricht Greg. »Ich hab einen Studienfreund, der heißt Odilo von Löwenfels und ist sogar ein echter Graf. Trotzdem ist er total nett und sehr bescheiden, außerdem ein echt guter Freund. Er hilft einem, wo er kann, und hat absolut kein Problem damit, sich auf einer Exkursion dreckig zu machen. Wenn er nicht diesen Namen hätte, würde überhaupt niemand merken, dass er adelig ist. Ich war schon mal für ein Wochenende mit ihm auf seinem Familienschloss. Da hab ich seine Eltern und seine beiden jüngeren Schwestern kennengelernt. Die sind alle völlig normal.«

»Na immerhin«, brummt Philipp.

»Stimmt ja, in meiner Grundschulklasse war auch mal ein Mädchen mit einer adeligen Mutter«, erinnert sich Mia. »Die war eigentlich ganz okay. Ein bisschen schüchtern vielleicht, aber sonst ...«

»Und warum benimmt sich Lilly dann so komisch?«, wundere ich mich.

Greg grinst. »Frag sie doch mal.«

Ich verdrehe die Augen. »Fällt dir vielleicht noch was Besseres ein?«

Natürlich frage ich Lilly nicht. Aber ich löchere meinen Vater. Der läuft mir nämlich über den Weg, als ich nach dem Ausmisten zum Mittagessen nach Hause gehe.

Huch! Was macht er denn hier?, frage ich mich erstaunt. Sonst ist er um diese Zeit doch immer in der Uni. Und wegen Greg ist er garantiert nicht gekommen, denn der war mit uns im Pferdestall.

Aber ich bin viel zu sauer auf Lilly, um allzu lange darüber nachzudenken.

»Sag mal, warum machst du denn so ein Gesicht?«, fragt mich Papa nach ein paar Schritten.

Jetzt kann ich gar nicht mehr anders, als mit ihm über Lilly zu reden.

Als ich ihm von ihrer Ankunft erzähle, murmelt er: »Ein richtiger Rolls-Royce, soso.« Und sein Gesicht nimmt einen verträumten Ausdruck an.

»Schwärmst du etwa auch für solche Autos?«, frage ich. »Bis jetzt hab ich immer gedacht, du hättest am liebsten Geländewagen.«

Er lacht. »Stimmt schon, die kann ich in meinem Beruf viel besser brauchen. Davon abgesehen, werde ich mir einen Rolls-Royce wohl auch nie leisten können. Im Moment sogar ganz sicher nicht. Mit dem Kredit für unser Häuschen hab ich wirklich schon genug am Hals.«

Wir sind jetzt vor der Haustür angekommen. »Aber was deine Frage nach Lillys übertriebener Arroganz angeht ...«, beginnt er, doch dann fingert er in der Tasche seiner Weste konzentriert nach seinem Schlüssel. »Ach, da ist er ja.«

»Und weiter?«, drängele ich.

»Möglich, dass sie ihren Hochmut schon mit der Muttermilch aufgesogen hat«, fährt er fort. »Vielleicht haben ihre Eltern ihr von frühester Kindheit an vermittelt, dass die Familie von Kayersburg etwas Besonderes ist.«

»So ein Schwachsinn!«, schimpfe ich. »Wenn man tolle Vorfahren hat, ist man doch nicht zwangsläufig auch selbst ein toller Mensch.«

»Natürlich nicht«, stimmt er mir zu und zieht sich den Anorak aus. »Trotzdem ist es möglich, dass Lilly genau davon fest überzeugt ist. So etwas nennt man übrigens ein falsches Selbstbild.«

Ja, das würde gut zu ihr passen, denke ich.

»Wie wär's, wenn wir uns zusammen was zu essen machen?«, fordert er mich auf. »Ich hab nämlich einen Bärenhunger.«

»Und ich erst«, gebe ich zu. »Schließlich hab ich gerade die Pferdeställe ausgemistet.«

Er lächelt. »Vielleicht macht Wut ja auch Appetit. Am besten deckst du schon mal den Tisch. Währenddessen schaue ich nach, was wir noch im Kühlschrank haben.«

Ich tue, was er sagt. Und dabei versuche ich, mich endlich zu beruhigen.

»Es gibt übrigens noch einen Grund, warum ein Mensch sich arrogant verhält«, meint Papa, als wir zusammen Kartoffeln schälen.

»Und der wäre?«, frage ich.

»Manche Menschen verhalten sich ausgerechnet deswegen so, weil sie in Wirklichkeit zu wenig Selbstbewusstsein haben«, erläutert er.

Ungläubig runzele ich die Stirn.

»Doch, doch«, versichert er. »Gerade weil sie sich tief drinnen wie arme, kleine Würstchen fühlen, tut es ihnen unglaublich gut, andere herabzuwürdigen. Wenn man ihnen ihren Hochmut auch noch abkauft und sich wirklich klein und hässlich vorkommt, geht es diesen Leuten besonders gut.«

»Mannomann, die sind ja wohl echt arm dran«, brumme

ich. »Aber Lilly ist nicht so. Das kann ich mir absolut nicht vorstellen.«

Er zuckt die Achseln.

Ich nehme mir die nächste Kartoffel. »Ja, und was macht man mit solchen Typen?«

Papa wiegt den Kopf. »Es bringt euch mit Sicherheit nichts, wenn ihr euch die ganze Zeit über sie ärgert. Besser, ihr macht ihr irgendwie klar, dass sie sich total falsch verhält und ihr nichts mit ihr zu tun haben wollt. Entweder ihr sagt ihr das ganz deutlich ...«

»Aber dann kriegt Vera Ärger«, unterbreche ich ihn. »Vielleicht reist Lilly sogar ab, und das wollen wir absolut nicht, weil die Leitmayrs dann kein Geld verdienen.«

Er nickt. »Ja klar. Aber ihr könnt euch bewusst von ihr fernhalten. Vielleicht kapiert sie dann sogar, was ihr denkt. Na gut, sie wird in den zwei Wochen, in denen sie hier ist, deswegen nicht unbedingt das Verhalten ändern. Aber wenigstens habt ihr klargemacht, was ihr von ihr haltet. Und auf jeden Fall habt ihr öfter mal eure Ruhe.«

Ich atme tief durch. »Gute Idee. Glaub mir: Es kostet mich jetzt schon unglaublich Nerven, dass ich Lilly ertragen muss und ihr nicht sagen darf, was ich von ihr denke. Dabei ist sie erst gestern Nachmittag hier angekommen.«

Er nickt. »Das glaub ich dir. Und eines darf euch auf gar keinen Fall passieren, nämlich dass einer von euch sich wegen einer blöden Bemerkung von ihr schämt oder dass jemand ihr gegenüber einen Wutanfall kriegt. In beiden Fällen wird sie nämlich nur in ihrem Glauben bestärkt, dass sie euch haushoch überlegen ist. Wenn ihr sie einfach abblitzen lasst, kommt sie sich dagegen mit Sicherheit ziemlich blöd vor.«

»Das macht Sinn«, gebe ich zu.

Es wird mir richtig guttun, ihr eins auszuwischen, stelle ich befriedigt fest. Und ich nehme mir vor, gleich morgen mit Mia und Philipp darüber zu reden.

Jetzt geht es mir endlich ein bisschen besser. Ich grinse meinen Vater an und werfe die nächste geschälte Kartoffel in den Topf.

5

Ein Ausritt, der es in sich hat

Am nächsten Morgen schlafe ich mich mal richtig aus. Caruso kräht zwar schon um kurz vor sieben, als ginge es um sein Leben, aber ich döse ganz schnell wieder ein. Denn zum ersten Mal, seit ich hier in Gessenhausen wohne, hab ich keine richtige Lust, zum Hof Glückstal zu gehen. Und das liegt eindeutig an Lilly.

Erst um Viertel nach zehn krieche ich endgültig aus den Federn.

Gähnend werfe ich einen Blick aus dem Fenster.

Na, wenigstens ist heute richtig gutes Wetter. Sogar der Wind hat nachgelassen. Bestimmt klappt's endlich mal wieder mit einem schönen, langen Ausritt.

Noch mal ausgiebig recken ... Doch dabei kommt mir ein erschreckender Gedanke: Oh nein! Wir müssen mit Sicherheit die blöde Lilly mitnehmen!

Grummelnd schleiche ich unter die Dusche.

Eine Viertelstunde später sinke ich an den Frühstückstisch, den Papa vor mindestens drei Stunden gedeckt hat. Wenigstens hat er den Kaffee in die Warmhaltekanne geschüttet, sodass er noch lauwarm ist.

Eigentlich drängt mich immer noch nichts, mich zum Gut Glückstal auf den Weg zu machen. Darum frühstücke ich heute besonders ausgiebig. Danach werfe ich einen langen Blick in die Südostbayerische Rundschau. Dann räume ich in aller Ruhe den Tisch ab. Bis ich mir endlich die Reitstiefel anziehe und mich zu den Leitmayrs auf den Weg mache, ist es halb zwölf.

Als ich den Hof betrete, höre ich aus dem Stallgebäude Mias Lachen.

»Lilly scheint sich heute Morgen einigermaßen gut benommen zu haben«, murmele ich vor mich hin. »Oder Mia lacht gerade über ihre neuesten blöden Bemerkungen.«

Aber das Nächste, was ich höre, ist Tims Stimme! Verdutzt bleibe ich stehen und mein Gehirn beginnt, auf Hochtouren zu arbeiten.

Wenn ich gewusst hätte, dass er kommt, wäre ich mit Sicherheit mit den Hühnern aufgestanden, im wahrsten Sinne des Wortes. Mit dem Frühstück hätte ich mich auch beeilt und dann wäre ich schon gegen halb neun hier gewesen. So ein Ärger!

Dann siegt aber doch meine Freude darüber, Tim gleich wiederzusehen.

Als ich in den Stall gehe, würde ich am liebsten laut singen vor Glück.

Da steht er, in T-Shirt, Reithose und Stiefeln, mit einem Besen in der Hand. Nun hebt er den Kopf und sagt: »Hallo.« Dabei lächelt er so freundlich, dass mir ganz warm ums Herz wird.

»Hi!«, antworte ich so locker wie möglich. Dabei schaue ich ihn an – seine frechen Sommersprossen, seine fröhlich blitzenden Augen ...

»Endlich bist du da.«

Huch! Das war Mias Stimme. Sie hat mir doch glatt einen

kleinen Schrecken eingejagt, weil ich für einen Moment total weggedriftet war.

»Du, ich hab dich was gefragt«, hakt sie nach.

Oje, das hab ich gar nicht nicht mitgekriegt! »Äh ... was ... hmm ... Was hast du denn gesagt?«, stottere ich.

»Ich wollte wissen, wo du so lange gesteckt hast«, wiederholt sie leicht genervt. »So spät bist du doch noch nie gekommen. Wir haben uns echt schon Sorgen gemacht. Wenn wir mit dieser Box hier fertig gewesen wären, hätten wir mal nach dir geschaut.«

Oh Mann, ist das mal wieder peinlich!

»Das hab ich echt nicht gewollt«, erkläre ich eilig. »Ich hab total verschlafen.«

Okay, das ist zwar nur die halbe Wahrheit, aber gelogen hab ich auch nicht.

»Für so was sind Ferien ja wohl da«, meint Tim.

Ich atme auf. Gut, dass ausgerechnet er das sagt.

»Na toll, aber du musst an meiner Stelle ausmisten«, bedauere ich ihn.

»Nicht wirklich«, widerspricht Philipp.

»Stimmt«, bekräftigt Mia. »Wir sind auch erst seit ungefähr einer halben Stunde bei der Arbeit. Du hast nämlich ziemlich was verpasst.«

»Und das wäre?«, frage ich neugierig.

»Fräulein von-und-zu hatte heute Morgen ihre erste Reitstunde«, klärt Tim mich auf.

»Erzähl!«, rufe ich neugierig. Dabei nehme ich mir einen zweiten Besen und gehe in die Box, in der Tim kehrt.

Er zuckt die Achseln. »Sie kann sehr gut reiten. Aber damit haben wir doch alle gerechnet, oder?«

»Lilly hat auch wirklich ein wunderbares Pferd«, schwärmt

Mia. »Bint Moheefa hat super ausgesehen und sie ist regelrecht um den Platz geschwebt.«

»Sie ist sehr gut ausgebildet«, bemerkt Philipp.

»Stimmt schon«, pflichtet Tim ihm bei. »Trotzdem: Dieses Pferd hat eine unglaubliche Ausstrahlung. Ich konnte gar nicht aufhören, sie zu bewundern.«

»Mir ist sie eindeutig zu leicht gebaut«, widerspricht ihm Philipp. »Ihre Beinchen sind dünn wie Streichhölzer und diese ultrafeine Mähne ...«

»Sie ist halt einfach nicht dein Typ, genau wie Lilly«, neckt ihn Mia.

»Kann schon sein«, gibt er zu.

»Ich finde doch auch, dass Araber nicht die einzigen schönen Pferde auf der Welt sind«, erklärte Tim. »Da muss ich nur an die Pferde meiner Großeltern denken. Ein Kaltblut im Galopp sieht so unglaublich kraftvoll aus ... Etwas Tolleres kann ich mir gar nicht vorstellen.«

»Mhm«, macht Philipp nur.

Jetzt verdreht Mia die Augen. »Du rätst aber nicht, wer die ganze Arbeit vor und nach Lillys Reitstunde gemacht hat.«

Ich grinse schief. »Das wart ihr. Garantiert.«

Sie nickt. »Das vornehme Fräulein von Kayersburg hat sich von Vera die vielen Preisschleifen und Pokale zeigen lassen, die die Haflinger der Leitmayrs auf Zuchtschauen gewonnen haben. Währenddessen haben Philipp und ich Bint Moheefa aus dem Stall geholt und geputzt und gesattelt. Tja ...«

»Ich bin von der Fronarbeit für den adeligen Gast verschont geblieben. Mein Bus ist nämlich erst um zwanzig nach neun hier in Gessenhausen angekommen«, erklärt Tim. »Da waren die beiden schon fast mit allem fertig.«

Grinsend stupse ich ihm in die Rippen. »Glück muss man haben, oder?«

»Absolut«, lacht er. »Heute Nachmittag kann ich ja auch endlich mal mit euch ausreiten.« Weil wir mit dieser Box so gut wie fertig sind, stellt er für einen Moment den Besen zur Seite und wischt sich den Schweiß von der Stirn.

»Lilly kommt auch mit«, informiert uns Philipp.

»Das war ja zu erwarten«, brumme ich.

Und Tim meint: »Da kann man wohl nichts machen.«

Mia stößt einen tiefen Seufzer aus.

Jetzt, da Tim bei mir ist, finde ich Lilly aber gar nicht mehr so wichtig. Und die Zeit vergeht wie im Flug. Als wir gegen halb zwei mit dem Ausmisten fertig sind, hab ich intensiv nachgedacht und einen Entschluss gefasst. Nun nehme ich all meinen Mut zusammen.

»Hast du vielleicht Lust, mit mir zusammen Spaghetti Bolognese zu kochen?«, frage ich Tim, während wir zusammen aufräumen.

»Ja klar, gerne«, freut er sich.

Ich gehe nicht, nein, ich schwebe beinahe nach Hause. Immerhin ist er gerade direkt neben mir und ich werde für eine längere Zeit mit ihm alleine sein! Wenn ich das heute Morgen geahnt hätte ...

Fröhlich vor mich hin summend, schließe ich die Haustür auf. Wir ziehen unsere Anoraks und Stiefel aus und gehen in die Küche.

»Soll ich schon mal anfangen die Zwiebeln zu schneiden?«, fragt er mich.

»Gute Idee«, antworte ich und bücke mich, um das Hackfleisch aus dem Tiefkühlfach zu holen.

Die ersten Minuten arbeiten wir still vor uns hin. Dann wischt Tim sich mit dem Handrücken ein paar Zwiebeltränen weg und meint: »Übrigens finde ich, dass es bei euch unglaublich normal zugeht.«

»Wie meinst du das?«, frage ich.

Er schnieft, dann erklärt er: »Na ja, ich dachte immer, dass Professoren ein bisschen vornehm sind, dass sie in luxuriösen Villen wohnen und überhaupt ...«

»So ähnlich wie Lilly? Wie kommst du denn dadrauf?«, wundere ich mich.

Ein bisschen verlegen zuckt er die Achseln. »War wohl ein Vorurteil. Dein Vater ist ja auch ganz anders. Der kann sogar kochen, und das auch noch richtig gut.«

Ich setze den Topf mit dem Nudelwasser auf die eingeschaltete Herdplatte. »Warum denn nicht? Als ich klein war, musste doch irgendwer das Essen machen.«

Und deine Mutter? Die Frage steht ihm regelrecht auf die Stirn geschrieben, doch er traut sich nicht, sie auszusprechen.

Ich beantworte sie trotzdem. »Meine Mutter ist gestorben, als ich noch klein war.«

»Oh, das tut mir leid«, erklärt er.

»Muss es nicht«, beruhige ich ihn. »Damals war ich gerade erst ein paar Monate alt. Mein Vater hat allerdings mit Sicherheit sehr unter ihrem Tod gelitten, obwohl er nie darüber gesprochen hat.«

Eigentlich war das aber nur die halbe Wahrheit. Denn eine Mutter wünsche ich mir schon, solange ich denken kann. Sogar heute noch.

Aber ich hab keine Lust, ausgerechnet jetzt mit Tim darüber zu reden. Im Grunde möchte ich gar nicht davon sprechen. Weil das nämlich auch nichts ändern würde. Außerdem hätte ich dann das Gefühl, dass ich Papa gegenüber undankbar wäre. Ich weiß doch genau, wie viel Mühe er sich trotz seiner vielen Arbeit immer gegeben hat.

»Dein Vater musste dir also sozusagen die Mutter ersetzen«, schlussfolgert Tim. »Und mir scheint, dass er gute Arbeit geleistet hat.«

»Autsch!« Sein Lob hat mich so überrascht, dass ich mir in den linken Daumen geschnitten habe. Schnell gehe ich zum Waschbecken, drehe den Wasserhahn auf und halte meine Hand unter den Strahl.

»Ist es schlimm?«, fragt Tim und beugt sich mit besorgtem Blick über meine Schulter.

Mir läuft ein Schauer über den Rücken.

»Ach was. Das passiert halt manchmal«, beruhige ich ihn. »Kannst du mir vielleicht ein Pflaster holen? Es liegt in dem Schränkchen gleich neben dem Herd, in der obersten Schublade.«

»Klar.« Er geht hin und bringt auch gleich ein sauberes Handtuch mit.

»Danke.« Während er zum Schneidebrett zurückgeht, trockne ich mir die Finger ab und klebe das Pflaster über den Schnitt.

Wenige Minuten später sitzen wir vor einer dampfenden Schüssel am Esstisch.

Eine Zeit lang futtern wir schweigend vor uns hin. Dann fragt er ziemlich unvermittelt: »Hast du morgen vielleicht schon was vor?«

Ich glaube, mein Herz setzt einen Schlag aus, und ich muss höllisch aufpassen, damit ich mich nicht an meinem Essen verschlucke.

»Äh, nein. Warum?«, antworte ich und ärgere mich, weil meine Stimme ganz heiser klingt.

»Mein Vater fährt morgen früh nach Anger, weil er dort zwei tragende Stuten untersuchen soll«, erklärt er. »Der Ort liegt ganz in der Nähe von Höglwörth. Wenn du Lust hast, nimmt er uns bestimmt dorthin mit.«

Wow!!! Vor lauter Überraschung und Freude wird mir glatt ein bisschen schwindelig.

Oh Mann! Nimm dich jetzt bloß zusammen, Hanna!

Ich atme tief durch, dann registriere ich, dass er mich immer noch erwartungsvoll ansieht. Warum denn ...? Ach ja, ich muss ihm antworten!

»Entschuldigung, ich hab erst mal kurz nachgedacht, ob morgen schon was anliegt«, flunkere ich in meiner Not. »Aber es ist alles klar, ich kann mitkommen. Und das mach ich total gerne.«

Jetzt lächelt er. »Hey, prima. Kannst du um halb zehn bei uns sein? Von Gessenhausen aus fährt um kurz nach neun ein Bus in Richtung Freilassing. Und wenige Hundert Meter von unserer Praxis entfernt ist eine Haltestelle.«

»Das mit dem Bus passt wunderbar«, erkläre ich.

Morgen werde ich garantiert nicht noch mal verschlafen. Ich werde Caruso sogar außerordentlich dankbar sein, wenn er in aller Herrgottsfrühe kräht. Und jetzt strahlt mich Tim so umwerfend an ...

Erschrocken fahre ich zusammen, als mein Handy klingelt. Leicht verwirrt und ziemlich verärgert, ziehe ich es aus der Tasche und werfe einen Blick aufs Display. Es ist Mia!

»He, wo bleibt ihr denn?«, posaunt sie in mein Ohr.

»Schon so spät?«, wundere ich mich.

»Du alte Schlafmütze! In einer Dreiviertelstunde wollen

wir schon losreiten, aber von euch ist immer noch weit und breit nichts zu sehen«, tadelt sie mich. »Dabei müssen wir auch noch Bint Moheefa für das vornehme Fräulein von Kayersburg fertig machen.«

»Tut mir echt leid. Heute hab ich das Zu-spät-Kommen offensichtlich drauf«, entschuldige ich mich. »Das Kochen hat länger gedauert, als wir gedacht haben. Aber klar, wir sind gleich bei euch.«

Zehn Minuten später holen Tim und ich unsere Pferde von der Weide. Wir putzen sie eilig, dann helfen wir noch ein bisschen bei Bint Moheefa mit.

Wie freundlich die Stute zu uns ist! Dabei kennt sie uns doch kaum. Und was für ein seidenweiches Fell sie hat!

Ich werfe einen schnellen Seitenblick auf Tim. Bestimmt denkt er das Gleiche wie ich, denn er bürstet Moheefa derart gründlich und behutsam, als wäre sie eine teure Statue aus Elfenbein.

Als Lilly sich mit der Reitkappe unter dem Arm bei uns blicken lässt, steht ihr Pferd schon gesattelt und aufgetrenst auf dem Hof.

Heute kann sogar ihr Auftauchen meine gute Laune nicht ändern. Tims Einladung hat mich derart glücklich gemacht, dass mich jetzt wahrscheinlich gar nichts mehr ärgert.

Mia dagegen kann ich deutlich ansehen, dass sich ihr bei Lillys Anblick die Nackenhaare hochstellen. Mit gebeugtem Rücken steht sie dicht neben mir, weil sie den Sattelgurt ihrer geliebten Merry noch einmal nachziehen will. Dabei murmelt sie ein paar Worte, die sich verdächtig nach einem saftigen Fluch im breitesten oberbayerischen Dialekt anhören.

»Alles klar?« Ich lächele Lilly freundlich an.

»Hallo«, antwortet sie abwesend. Dass sie sich zur Abwechslung mal bedanken könnte, weil wir ihr Pferd für sie fertig gemacht haben, fällt ihr natürlich nicht ein.

Da kommen Philipp und Tim aus der Sattelkammer, beladen mit dem Kopfstück und dem Sattel der jungen Stute Weidenkätzchen, die Tim reiten soll.

Wuschel trabt ihnen voraus und begrüßt Lilly mit erfreutem Schwanzwedeln.

Sie beugt sich zu ihm hinunter und streichelt ihn ausgiebig. Die Jungs scheint sie dagegen kaum wahrzunehmen. Darum sieht sie auch nicht, wie Philipp tief durchatmet. Und dass Tim hinter ihrem Rücken genervt die Augen verdreht, kriegt sie sowieso nicht mit.

»In den letzten Tagen frag ich mich andauernd, was der Hund ausgerechnet an dieser blöden Zicke findet«, flüstert Mia mir zu.

Ich kann nur ratlos mit den Achseln zucken.

Lilly schaut erst wieder auf, als Weidenkätzchen gesattelt ist und Tim ihr die Trense anlegt.

»Schon da?«, ätzt Philipp, weil sie ihn endlich auch mal ansieht.

»Ich war absolut pünktlich, oder etwa nicht?«, stellt sie stirnrunzelnd fest.

»Wie man's nimmt«, brummt Mia leise.

»Allerdings«, wispere ich. Dann wende ich mich Samantha zu und überprüfe, ob ihr Sattel richtig sitzt.

»Meinst du, wir müssen der Dame den Steigbügel halten, wenn sie aufsteigt?«, knurrt Philipp, der gerade mit einem Kopfstück in der Hand an mir vorbeigeht. Weil es zu gefährlich ist, mit Wotan und einer fremden Stute unterwegs zu sein, wird er heute Almrose reiten.

Lilly hat von alledem zum Glück nichts gehört, denn sie steht immer noch gedankenverloren bei Wuschel und krault ihn hingebungsvoll.

»Kommt er auch mit?«, fragt sie.

»Klar«, erklärt Philipp. »Der will doch auch mal raus.«

Sie nickt nur, dann geht sie zu Bint Moheefa, die ihr sofort freundlich ihren schönen Kopf zuwendet. Zärtlich streichelt sie ihr über die Nüstern, nimmt schließlich ihre Zügel und führt sie in die Mitte des Hofes. Routiniert zieht sie ihr den Sattelgurt nach, setzt ihre Reitkappe auf und schwingt sich in den Sattel.

»Immerhin: Wenigstens das kann sie alleine«, grinst Mia und steigt ebenfalls auf.

Jetzt geht's endlich los! Wir reiten durch das große Tor auf die Hauptstraße. Philipp und Almrose bilden mit Mia auf Merry und Wuschel die Spitze. Dann folgt Tim mit Weidenkätzchen, neben die ich mich auf meiner geliebten Samantha gepfuscht habe.

Den Schluss bildet Lilly, und zwar mit voller Absicht. Bint Moheefa ist ja fremd in unserer Gruppe, und wenn ein Pferd ihr von hinten zu nahe käme, würde die Stute vielleicht nach ihm austreten.

Das Wetter ist immer noch prima. Zwar ziehen ein paar vereinzelte graue Wolken über den Himmel, aber der Wind ist nur eine angenehm leichte Brise und die Sonne scheint so kräftig, dass mir schon nach ein paar Hundert Metern zu warm wird. Jetzt wird mir erst so richtig bewusst, wie sehr mir unsere Ausritte in den letzten Tagen gefehlt haben.

Ob Lilly auch schon gemerkt hat, wie schön es hier ist? Oder ist sie vielleicht überhaupt nicht in der Lage, das zu registrieren?

Über die Schulter werfe ich ihr einen prüfenden Blick zu.

Mit gesenktem Kopf reitet sie hinter uns her und spricht kein Wort. Aber ich kann nicht sagen, dass ich über ihr merkwürdiges Schweigen traurig wäre.

Eigentlich komisch, überlege ich. Lilly wollte auf dem Reiterhof Glückstal Ferien machen und jetzt tut sie so, als wäre ihr hier nichts gut genug. Warum ist sie nicht gleich in ein exklusives Hotel mit Luxusreitstall und teuren Sportpferden gegangen? Dafür haben ihre adeligen Eltern ja wohl genug Geld. Ob sie sich mit Absicht einen einfachen Bauernhof ausgesucht hat, weil sie hier jedem zeigen kann, dass sie etwas Besseres ist?

Wir reiten aus dem Dorf hinaus. Weil uns keine Häuser mehr die Aussicht versperren, können wir die Berge nun gut sehen.

»Schau doch mal, Lilly, dahinten ist der Watzmann«, sagt Tim, dem ihr komisches Benehmen wohl auch aufgefallen ist. »Und weiter links kannst du die alte Festung Hohensalzburg erkennen. Ich meine das große weiße Gebäude dort am Hang.«

»Ich weiß«, antwortet Lilly gelangweilt. »Meine Eltern haben ein Landhaus in Anif.«

Oha! Anif ist ein erklärter Nobel-Vorort von Salzburg. Dort zu wohnen, muss enom teuer sein; ein ganzes Landhaus ist mit Sicherheit fast unerschwinglich. Die von Kaysersburgs scheinen wirklich sehr, sehr reich zu sein.

Doch das macht die Sache nur noch merkwürdiger. Warum macht Lilly ausgerechnet hier Ferien, wenn ihre Eltern beinahe in Sichtweite von Gessenhausen ein tolles Haus besitzen?

Jetzt bin ich doppelt froh, dass ich nicht neben Lilly,

sondern vor ihr herreite. So bemerkt sie wenigstens meine Verwirrung nicht.

Mir bleibt nicht mehr viel Zeit zum Nachdenken, denn bald biegen Philipp und Mia auf einen ungeteerten Weg ab, der nach links in die Wiesen führt. Dabei schaut Philipp sich zu uns um und fragt: »Mal traben?«

»Unbedingt«, schnauft Mia, weil ihre Merry ungeduldig tänzelt. Kaum zu glauben, dass diese Stute, die vor Energie fast platzt, in ein paar Monaten ein Fohlen bekommt!

»Ja klar«, meint auch Tim.

Lilly nickt nur.

Schon geht's los! In flottem Tempo traben wir über den breiten, grasbewachsenen Weg. Die grünen, mit ein paar letzten glitzernden Wasserlachen durchzogenen Wiesen fliegen nur so an uns vorbei und die langen weißen Mähnen unserer Haflinger wehen im Wind, während sie mit großen, ungeduldigen Schritten vorwärtsdrängen. Wuschel läuft hechelnd neben uns her. Dabei bleibt er die ganze Zeit auf der Höhe von Lilly, die ihre sanfte Araberstute sehr gut im Griff hat.

Immer wieder schaue ich über die Schulter, um Bint Moheefa zu bewundern. Wie mühelos sie sich bewegt und wie schön sie dabei aussieht! Gleichzeitig wirkt sie in unserer Gruppe aber auch ein bisschen fremd. Das liegt mit Sicherheit nicht nur daran, dass sie der einzige Schimmel ist. Sie ist einfach ein ganz anderer Typ als unsere Haflinger, mit einem deutlich leichteren Körperbau, anderen Bewegungen und einer unglaublichen Ausstrahlung.

Tim und Weidenkätzchen habe ich aber genauso im Blick. Wenn ich sie ansehe, empfinde ich Respekt. Obwohl Tim bisher meistens Kaltblüter geritten hat, kommt er mit der jungen Haflingerstute erstaunlich gut zurecht. Dabei ist er total locker und hat sichtbar Freude an unserem Ritt.

Er muss ein sehr sicherer Reiter sein, denke ich und mir wird ganz warm ums Herz.

Wenn ich mir dagegen Lilly ansehe, hab ich den Eindruck, als wäre ihr so ziemlich alles egal. Nicht nur die tolle Landschaft und ihr wunderbares Pferd, sondern auch das schöne Wetter. Als ein wildes Kaninchen kurz vor uns am Wegesrand aufspringt und sich mit hastigen Hüpfern vor Wuschel in Sicherheit bringt, hebt sie kaum den Kopf. Auch der Fuchs, der, nur ein paar Meter von uns entfernt, in gemütlichem Tempo über den Weg trabt, ist ihr gerade mal ein kurzes Aufblicken wert. Und als wir dicht an einem Reiher vorbeikommen, der still wie eine Statue an einem Tümpel steht, scheint sie den schönen Vogel überhaupt nicht zu registrieren.

Nach einiger Zeit reiten wir wieder Schritt und klopfen unseren Pferden den Hals. Dabei reden wir fröhlich miteinander, nur Lilly spricht immer noch kein einziges Wort. Aber wir sind, ehrlich gesagt, alle heilfroh, dass sie nichts sagt. Wer weiß, was sie sonst wieder für arrogante Sprüche loslassen würde?

Um die tragenden Stuten nicht zu überfordern, geht es langsam einen Hügel hinauf. Als wir fast oben angekommen sind, wendet sich Philipp endlich doch mal an Lilly.

»Schau mal, der Waginger See«, sagt er und zeigt mit der Gerte auf die riesige, in der Sonne glitzernde Wasserfläche, die wir von hier aus gut sehen können.

In Lilly scheint endlich wieder ein bisschen Leben zurückzukehren. Sie reckt sich im Sattel, dann murmelt sie: »Ist das schön.«

»Nicht wahr?«, hakt Mia nach. »Und da vorne, hinter der weißen Kapelle, liegt unser Gessenhausen.«

Aber Lilly hört ihr nicht zu. Sie schaut weiter konzentriert auf den See in der Ferne.

Mia zuckt die Achseln und wirft uns einen sprechenden Blick zu, der eindeutig sagen soll: *Macht nix, ich rede eh lieber mit euch.*

Wir lassen unsere Pferde vorsichtig abwärtsklettern. Als wir unten angekommen sind, wendet Philipp sich zu uns um und fragt: »Galoppieren wir mal?«

»Unbedingt!«, freut sich Tim.

Da gibt Philipp schon Gas, aber wie! Nach den arbeitsfreien Tagen legen sich unsere Pferde mächtig ins Zeug; ihre Hufe donnern mit einem solchen Tempo über den grasbewachsenen Boden, dass Wuschel trotz seiner langen Beine kaum hinterherkommt. Die Muskeln meiner Samantha spannen sich derart an, dass ich mich fest mit den Knien an ihren Bauch klammern muss, um nicht den Halt zu verlieren. Tim muss das junge Weidenkätzchen mächtig zügeln, damit sie nicht zu eng an Almrose aufschließt. Trotzdem ruft ihm Philipp irgendwann zu: »Nicht überholen, sonst kriegen wir Chaos!«

»Du hast gut reden!«, schnauft Tim und nimmt die Zügel noch ein bisschen fester an. Ärgerlich schüttelt Weidenkätzchen den Kopf, aber sie gehorcht und wird ein bisschen langsamer.

Dann sehen wir vor uns die Straße nach Gessenhausen. Philipp pariert durch und wir tun es ihm nach, bis unsere Pferde wieder Schritt gehen und der hechelnde Wuschel zu uns aufschließen kann.

»Puh!«, schnauft Tim. »So schnell bin ich noch nie geritten, glaub ich. Unsere Kaltblüter sind eindeutig die gemütlicheren Zeitgenossen.«

Jetzt zeigt Lilly endlich mal eine Reaktion. Ungläubig fragt sie ihn: »Du reitest Kaltblüter?«

»Na klar«, antwortet er. »Auf denen hab ich sogar das Reiten gelernt. Meine Großeltern besitzen Arbeitspferde, solange ich denken kann.«

»Aber die braucht man doch zum Holzrücken und zum Kutscheziehen und für die Feldarbeit«, widerspricht sie.

»Na und?«, mischt Philipp sich ein. »Drüben in Österreich reiten die Leute mit ihren Noriker Kaltblütern sogar Dressur- und Springturniere.«

Aha. Das hab ich auch noch nicht gewusst.

»Ja eben«, unterstützt ihn Mia. »Meine Tante hat Odilo Wonneder geheiratet, einen Bauern aus Zell am See in Österreich. Der hat mir erzählt, warum das so gekommen ist: Vor vierzig, fünfzig Jahren, als das Turnierreiten modern wurde, haben die Kinder der Bauern dafür einfach die Pferde genommen, die sowieso schon auf dem Hof standen. Und die waren halt meistens Kaltblüter.«

»Dann haben sie sich wohl keine anständigen Reitpferde leisten können«, schlussfolgert Lilly.

Das gibt's doch nicht!, denke ich empört. Aber ich beiße die Zähne zusammen und halte den Mund.

Tim hat keinen Schwur geleistet und sein Geduldsfaden reißt jetzt endgültig. »Na, hör mal, wie blöd bist du eigentlich? Glaubst du im Ernst, dass die Bauern in Österreich kein Geld für Warmblutpferde haben?«

»Warum kaufen sie sich dann keine?«, giftet Lilly zurück.

Fassungslos sieht Mia sie an. »Weil sie überhaupt keine haben wollen.«

Lilly verdreht die Augen. »Das glaubst du doch wohl selbst nicht.«

»Mia hat so was von recht«, bekräftigt Tim. »Drüben im Salzburger Land sind die Kaltblüter ein fester Teil der Tradition und des Brauchtums, genau wie hier in Oberbayern. Ohne sie ...«

»Eben«, unterbricht ihn Philipp ungewohnt heftig. »Sag bloß, du hast noch nie einen Pferdeumritt gesehen.«

»Da werden Dutzende, manchmal sogar Hunderte von Pferden aus der ganzen Gegend vom Pfarrer gesegnet«, ergänzt Mia.

»Du müsstest die Kaltblüter dort mal sehen«, schwärmt Tim. »Ihre Besitzer putzen sie prächtig heraus, sie schmücken sie regelrecht. Wenn man sie dann sieht, könnte man glatt denken, dass Kaltblüter die schönsten Pferde der Welt sind.«

Jetzt ist Lilly richtig sauer. »Es gibt keine schöneren Pferde als Vollblutaraber. Das weiß doch jedes Kind.«

Mia und Tim sind so baff, dass ihnen die Stimme wegbleibt. Darum springe ich ihnen zur Seite: »Das ist ja wohl Geschmackssache.«

»Wirklich?«, schnauzt Lilly mich an. »Araber sind erwiesenermaßen die edelsten Pferde der Welt! Sie haben maßgeblich die Zucht der Englischen Vollblutpferde beeinflusst, ebenso alle Warmblutrassen. Sogar in eure Haflinger kreuzt man in letzter Zeit doch wieder Araber ein.«

»Manche Leute machen das, vor allem hier in Bayern«, gibt Philipp mit erzwungen ruhiger Stimme zu. »Aber wir Leitmayrs nicht. Meine Mutter züchtet ganz bewusst nur reinblütige Haflinger.«

Lilly reckt ihr Kinn. »Ich hab mir schon gedacht, dass euren Pferden das Araberblut fehlt. So langsam, wie die eben galoppiert sind …«

Ich fasse es nicht! Das eben war ein wunderschöner, rasanter Galopp. Aber Lilly tut so, als wäre das alles nichts wert gewesen!

Vor Zorn ist Philipp dunkelrot geworden. »He! Die erwarten im Frühjahr alle ein Fohlen!«

Sie sieht ihn von oben herab an. »Ich weiß, wie das ist. Schließlich sind wir auch Pferdezüchter. Meine Moheefa wurde erst vor zwei Wochen von ihrem letzten Fohlen getrennt. Trotzdem …«

Schwur hin oder her, jetzt reicht's mir endgültig! Wild entschlossen, hole ich Luft, doch Tim ist schneller. »Du tust ja glatt so, als müsste bei einem Ausritt immer eine Stoppuhr mitlaufen, damit man hinterher weiß, ob es auch wirklich schön war.«

»Ja eben«, pflichte ich ihm bei. »Ausritte sind doch keine Pferderennen. Sie sollen einfach Spaß machen.«

»Genau«, unterstützt uns Mia. »Und unsere Haflinger und Kaltblüter machen genauso viel Spaß wie Warmblüter oder wie eure Araberpferde.«

»Aber ich fürchte, das verstehst du sogar in hundert Jahren noch nicht«, ätzt Tim. »Denn vor lauter Geld und vornehmem Getue hast du offensichtlich keine Ahnung, was das Wort Spaß überhaupt bedeutet.«

Jetzt hast du's ihr aber gegeben. Gut so!, denke ich und werfe ihm einen anerkennenden Blick zu.

Lilly hält endlich den Mund. Und sie würdigt uns keines Blickes mehr. Das bleibt auch so, als wir am Hof Glückstal ankommen. Überhaupt macht sie den Eindruck, als würde ein schwarzer Schatten über ihr schweben.

Auweia, denke ich. Hoffentlich ist sie nicht so beleidigt, dass sie ihre Koffer packt und abreist, zurück auf ihr vornehmes Schloss und zu ihren edlen Vollblutarabern.

Dabei wäre ich eigentlich sogar froh, wenn sie von hier verschwinden würde.

6

Katastrophen

Und weißt du, was sie dann gesagt hat?« Obwohl Philipp seit zehn Minuten einen Strohballen nach dem anderen in den Stall schleppt, kocht er immer noch vor Wut. Jetzt, da Greg zu uns gestoßen ist, redet er so viel, wie ich es bei ihm noch nie erlebt habe.

Nun verstellt er sogar seine Stimme und äfft Lilly nach: »Ich hab mir schon gedacht, dass euren Pferden das Araberblut fehlt«, flötet er. »So langsam, wie die gerade waren ...« Dann schleudert er den nächsten Strohballen mit einem solchen Karacho in unsere Box, dass Tim und ich erschrocken zur Seite springen.

Greg ist erstaunlich cool geblieben. Er wirft ihm durch das Boxengitter einen langen Blick zu, dann fragt er: »Habt ihr eine Ahnung, wo Lilly gerade steckt?«

»Wahrscheinlich hockt sie in ihrem Zimmer oder sonst irgendwo und ärgert sich über uns blöde Bauerntölpel«, grollt Mia, die in der Nachbarbox Stroh einstreut.

»Oder sie packt ihre Sachen, weil sie heute noch zurück zu dem vornehmen Landhaus ihrer Eltern oder in ihr Barbiepuppenschloss fahren will«, knurrt Tim. »Die ist es nämlich mit Sicherheit nicht gewohnt, dass ihr mal jemand die Meinung sagt.«

»Bestimmt hat sie schon ihren Chauffeur verständigt, damit er sie so schnell wie nur möglich abholt«, fügt Mia hinzu. »Und wisst ihr, was? Wenn sie weg ist, bin ich so was von erleichtert ...«

»Aber die Leitmayrs sind ihren Feriengast los«, gebe ich zu bedenken.

Philipp zuckt nur die Achseln.

»Lilly ist nicht auf ihrem Zimmer«, sagt Greg mit merkwürdig ruhiger Stimme.

»Ach nee. Ist sie etwa schon weg?«, ätzt Mia.

»Nein«, antwortet er. »Vor ein paar Minuten hab ich sie gesehen. Ich glaube, sie hat mich gar nicht bemerkt. Sie hatte sich nämlich unter den drei Tannen an den Fohlenweiden verkrochen und ihr Gesicht in Wuschels Fell gedrückt und ...«

»Ja klar, Wuschel! Ich hab keine Ahnung, was der Hund an ihr findet«, unterbricht ihn Mia.

»Nun lass mich doch mal ausreden«, ermahnt Greg sie ärgerlich. »Was ich euch eigentlich sagen wollte, ist nämlich, dass sie sich die Augen ausgeheult hat.«

»Wirklich?«, fragt Philipp verdutzt.

»Sie verträgt's halt nicht, wenn ihr jemand die Wahrheit sagt«, urteilt Tim. »So was Ähnliches hab ich gerade ja schon mal gesagt.«

»Eben. Es war nur gut, dass wir es ihr mal so richtig gegeben haben«, findet Mia.

»Ich glaube nicht, dass sie weint, weil sie beleidigt oder wütend ist«, widerspricht ihr Greg. »Sie wirkte so ... so furchtbar traurig, richtig verzweifelt.«

»Warum sollte sie?«, wundert sich Philipp.

Und Mia fügt hinzu: »Sie ist superreich und supervornehm, sie kann supergut reiten und ihre Eltern züchten superedle Vollblutaraber.«

Da fällt mir siedend heiß etwas ein. »Moment mal! Eben bei unserem Ausritt hab ich mich über etwas gewundert. Vor lauter Ärger hatte ich es fast schon wieder vergessen, aber jetzt ...«

»Raus mit der Sprache!«, fordert Tim mich auf.

»Lilly hat doch gesagt, dass ihre Eltern in Anif eine Villa besitzen«, erinnere ich ihn. »Der Ort liegt aber ganz nahe bei Salzburg. Da frag ich mich: Warum macht sie ausgerechnet hier Ferien, obwohl Gessenhausen nur gut dreißig Kilometer von ihrem Haus entfernt ist?«

Überrascht zieht Greg die Augenbrauen hoch. »Das ist wirklich eigenartig.«

»Vielleicht wird ihre Nobelbude ja gerade renoviert«, vermutet Mia.

»Auch dann hätte sie keinen Grund, ihren Urlaub ausgerechnet hier zu verbringen. Sie muss unsere Gegend doch wie ihre Westentasche kennen«, gibt Tim zu bedenken.

»Ihr habt recht. Da stimmt was nicht«, stellt Philipp fest.

»Genau«, unterstützt ihn Greg. »Überlegt doch mal: Lilly von Kayersburg verbringt ihre Herbstferien auf dem Hof Glückstal. Bestimmt hat sie vorher gewusst, dass Gessenhausen ein winzig kleines Dorf ist und dass es sich bei Veras Reitstall um einen ganz normalen Bauernhof handelt, in dem nun mal Haflinger gezüchtet werden. Trotzdem benimmt sie sich, als würde sie lieber in einem Nobelhotel residieren, und sie redet nur davon, wie toll ihre Vollblutaraber sind.«

»Sie kennt's halt nicht anders«, vermute ich.

»Bestimmt ist sie total geschockt darüber, wie primitiv das einfache Fußvolk lebt«, ätzt Mia.

»Na, hört mal, sie mag ja arrogant sein. Aber sie ist nicht blöd«, widerspricht Greg.

»Vielleicht doch«, seufzt Tim.

Sein Bruder wiegt den Kopf. »Wie ihr meint. Diese Villa in Anif, in der sie eben *nicht* wohnt, finde ich ja auch am allermerkwürdigsten. Und jetzt hat sie sich hier irgendwo verkrochen und heult Sturzbäche.«

»Du glaubst doch nicht im Ernst, dass sie ein Problem hat«, hake ich nach.

»Oh doch, das tue ich«, bekräftigt er.

Jetzt muss ich wieder an Jan denken, Veras Feriengast im letzten Sommer. Der war am Anfang nämlich auch total unerträglich. Er hat uns sogar in Angst und Schrecken versetzt, weil er mitten in der Nacht mit Wotan ausgerissen ist. Trotzdem hat er sich hinterher als ein total netter Kerl entpuppt, der einfach noch nicht mit dem plötzlichen Ruhm seines Vaters klarkam. Und hat Papa mir nicht erklärt, dass manche Leute sich nur deswegen hochmütig benehmen, weil sie sich in Wirklichkeit unsicher und unglücklich fühlen?

»Und jetzt?«, fragt Philipp ratlos.

»Wir können ja mal zu ihr hingehen und sie fragen, was mit ihr los ist«, schlägt Greg vor.

»Na, hör mal! Eben erst hat sie unsere Kaltblüter und Veras Haflinger niedergemacht«, protestiert Tim.

Mia verschränkt trotzig die Arme vor der Brust. »Außerdem hab ich überhaupt keine Lust darauf, dass sie uns schon wieder so arrogant von oben herab behandelt.«

»Ich hab ja auch keine Ahnung, wie sie reagieren wird«, gibt Greg zu. »Aber einen Versuch ist es wert, denn Lilly braucht ganz dringend Hilfe. Da bin ich mir sicher.«

»Na toll.« Kopfschüttelnd lehnt Philipp seine Heugabel an die Boxenwand.

Ein paar Atemzüge lang herrscht nachdenkliche Stille, dann beschließt er: »Also gut«, und setzt sich in Bewegung.

»Meinetwegen«, seufzt Tim und marschiert entschlossen hinter ihm her.

»Habt ihr sie noch alle?«, ruft Mia, weil Greg sich ihnen auch noch anschließt.

Philipp bleibt stehen und dreht sich zu ihr um. »Uns Leitmayrs soll keiner nachsagen, dass wir nicht helfen, wenn's nötig ist.«

»Er hat absolut recht«, erkläre ich und mache mich auch auf den Weg.

»Dann komm ich halt mit«, brummt Mia widerwillig. »Aber glaubt nicht, dass ich mich dabei wohlfühle.«

»Ja, denkst du denn, ich?«, gesteht Tim.

Wir gehen über den Hof und durch die kleine Hintertür in der Mauer Richtung Fohlenweiden.

»Sie hockt immer noch da«, stellt Philipp fest, als wir uns den drei Tannen nähern.

Neugierig schaue ich an ihm vorbei.

Tatsächlich, dort ist sie. Mit hängenden Schultern sitzt sie zwischen den knorrigen Baumwurzeln. Wuschel hat sich vor ihren Füßen niedergelassen. Er hat seinen Kopf auf ihre Knie gelegt und schaut sie mit seinen großen dunklen Augen an.

Jetzt hat der Hund uns bemerkt, denn er hebt den Kopf. Lilly schaut auf, wischt sich über die Augen, sieht uns und springt auf, um wegzulaufen. Doch sie stolpert, vielleicht geben auch ihre Beine nach, denn sie muss sich an einem Ast festhalten, um nicht hinzufallen.

Nun haben wir sie fast erreicht, darum bleibt sie schwankend stehen und schaut uns mit riesengroßen Augen an.

»Ich glaube, Lilly hat wirklich ein Problem«, flüstert ausgerechnet Mia.

»Ein ziemlich großes sogar«, pflichtet Philipp ihr bei.

»Allerdings. Sie sieht ja furchtbar aus«, murmelt Tim.

Ihr Gesicht ist leichenblass und nass von Tränen. Sie wirkt, als wäre sie in der letzten Stunde um ein paar Zentimeter geschrumpft, und in ihrem Blick spiegeln sich Scham und Angst und Verzweiflung.

»Okay, und was ist los mit dir?«, fragt Philipp sie geradeheraus.

»Gar nichts«, erklärt sie in erstaunlich festem Ton. Dabei reckt sie trotzig das Kinn. Ich kann ihr ansehen, dass sie mit aller Kraft versucht, wieder so arrogant und unnahbar wie sonst auszusehen.

Aber diesmal schafft sie es nicht. Ja, sie fängt sogar wieder an zu weinen.

Schweigend geht Greg zu ihr hin und legt ihr die Hand auf die Schulter.

»Lass mich in Ruhe!«, schluchzt sie und stupst ihn energisch weg.

Ratlos sehen wir uns an.

»Okay, ich hol jetzt meine Mutter«, beschließt Philipp.

»Bloß nicht!«, ruft Lilly mit zittriger Stimme.

»Na, hör mal, so kann's doch nicht weitergehen«, protestiert Greg, der immer noch dicht neben ihr steht.

»Hast du vielleicht Heimweh?«, vermutet Mia. »Dann sag's uns doch einfach.«

»Nach Hause«, wimmert Lilly. »Ihr habt vielleicht ... gut reden.«

»Was soll das denn heißen?«, flüstert Tim.

Ich zucke die Achseln. »Aber vielleicht kommen wir der Sache jetzt ein bisschen näher.«

Greg denkt wohl das Gleiche, denn er fragt mit ruhiger Stimme: »Was willst du uns denn damit sagen?«

Jetzt brechen bei ihr endgültig alle Dämme. Wie ein Wasserfall stürzen die Tränen aus ihr heraus; sie wird derart von Schluchzern geschüttelt, dass sie sich an eine Tanne lehnen muss.

Es dauert einige Zeit, bis sie doch noch ein paar Worte herausbringt: »Meine ... meine Eltern ... Sie lassen sich scheiden.«

»Scheiße!«, entfährt es Greg.

Uns anderen hat es vor Schreck die Sprache verschlagen.

»Die ... die beiden haben sich mit ihren Anwälten in ihr Haus in Anif zurückgezogen, weil sie über die Scheidung verhandeln wollten«, erklärt uns die arme Lilly mit wackeliger Stimme.

Weil sie sich nun endlich ein bisschen beruhigt hat, haben wir uns im Kreis unter die Tannen gesetzt und hören ihr zu.

»Dich haben sie hierhergeschickt, weil du so zwar in der Nähe bist, aber von alledem trotzdem nichts mitkriegst«, vermutet Greg.

Sie seufzt schwer. »So ähnlich haben sie es mir auch erklärt. Angeblich wollen sie mir die Sache so leicht wie nur möglich machen.«

»Die glauben doch nicht wirklich, dass das funktioniert!«, rufe ich aus.

»Scheinbar doch. Vielleicht ist ihnen auch nichts Besseres eingefallen.« Lilly stützt den Kopf in die Hände. »Wisst ihr: Meine Eltern verstehen sich schon seit drei, vier Jahren nicht mehr. Seit einiger Zeit leben sie sogar in zwei verschiedenen Flügeln unseres Schlosses. Und als Papa sich vor ein paar Monaten eine Freundin angelacht hat, wurde es meiner Mutter endgültig zu viel.«

»Das kann ich aber auch verstehen«, murmelt Mia.

»Zwar hat mein Vater inzwischen wieder Schluss mit der blöden Zicke gemacht, doch Mama will sich auf jeden Fall von ihm trennen«, fährt Lilly fort. »Und er hat nichts dagegen. Sie ... sie müssen halt nur noch die Formalitäten regeln.« Wieder beginnen ihr die Tränen über die Wangen zu laufen.

»Manchmal ist es tatsächlich besser, wenn zerstrittene Ehepartner einen endgültigen Schlussstrich ziehen«, wendet Greg ein.

»Mama meint das auch. Aber ich kann es nicht glauben«, widerspricht sie. »Die ganze lange Zeit hab ich verzweifelt gehofft, dass sie sich wieder versöhnen. Außerdem ...« Sie räuspert sich. »Wir wohnen in Westfalen, in dem alten Wasserschloss unserer Familie. Aber jetzt will meine Mutter nach Berlin ziehen, in eine Villa, die Papa ihr überlassen wird.«

»Das ist aber nicht gerade um die Ecke«, bemerkt Tim.

»Ja eben«, bestätigt sie. »Und stellt euch vor: Als ich ins Auto steigen wollte, um nach Gessenhausen zu fahren, haben mich meine Eltern zur Seite genommen. Sie haben mir gesagt, dass es nun meine Aufgabe sei, mir zu überlegen, bei wem ich bleiben will. Das soll ich genau jetzt machen, während ich hier in Gessenhausen bin.«

»Du lieber Himmel!«, keucht Mia entsetzt.

Sie nickt. »Ich bin nämlich schon dreizehn. Darum darf ich selbst bestimmen, bei wem ich wohnen möchte.«

»Na toll!«, brummt Philipp.

»Dann hast du bestimmt total unter Schock gestanden, als du hierhergekommen bist«, überlege ich laut.

Sie zuckt die Achseln. »Keine Ahnung. Das Erste, an was ich mich wieder richtig erinnern kann, ist, dass mich eure Erna beschnuppert hat.« Nun kommen ihr wieder die Tränen. »Wie soll ich das denn bloß machen? Schon seit Wochen hab ich jede Nacht Albträume. Ich kann kaum noch was essen. Doch jetzt ...« Nun bleibt ihr die Stimme weg.

Und ich Depp hab ihr geglaubt, als sie behauptete, dass sie beim Essen so mäkelig wäre, weil sie um jeden Preis vornehm und schlank sein will, denke ich.

Lilly hat sich wieder gefangen. »Jetzt weiß ich gar nichts mehr. Manchmal liege ich nur noch auf meinem Bett und kann nicht mal mehr nachdenken.«

Greg schaut sie hilflos an, dann rückt er näher zu ihr hin und nimmt sie in den Arm.

Sie wischt sich über die Augen und lehnt ihren Kopf an seine Schulter. »Was soll ich denn bloß tun? Auf unserem Schloss ist es so wunderschön: die Türme und die dicken Mauern, die langen Gänge mit den Ritterrüstungen und den alten Gemälden, der Park mit den schönen Blumen und den riesigen Bäumen, die grünen Wiesen ... Ich bin dort zu Hause, solange ich denken kann. Da wohnt ja auch mein Papa und da sind unsere Pferde, die ich so schrecklich lieb habe.«

»Darum hast du eben um keinen Preis der Welt etwas über eure Araber kommen lassen«, registriert Tim.

»Ja natürlich«, gesteht sie. »Es tut so furchtbar weh, wenn ich mir vorstelle, dass ich sie schon bald verlassen muss.

Auch unsere lieben Katzen und meine Freundinnen würden mir so sehr fehlen. Nein, ich will nicht von der Kayersburg weg! Aber ...«

Sie schluckt. »Auch von meiner Mama will ich nicht getrennt sein, auf keinen Fall! Ohne sie kann ich mir das Leben gar nicht vorstellen. Und sie wird unsere drei Hunde mitnehmen, sogar den alten Nemo. Er ist schon vierzehn, mit ihm bin ich groß geworden. Er hat auf mich aufgepasst, als ich noch klein war; bis heute schläft er jede Nacht neben meinem Bett.«

»Das ist ja grausam. Sie zerreißen dein Leben!«, murmelt Tim betroffen.

Ich weiß überhaupt nicht mehr, was ich sagen soll.

»Du hättest uns von Anfang an erklären müssen, was los ist«, meint Mia ein bisschen vorwurfsvoll.

Verdutzt sieht Lilly uns an. »Meinst du? Ich kannte euch doch gar nicht.«

»Na und?«, erwidere ich. »So ist alles ja wohl ziemlich blöd gelaufen, weil wir absolut keine Ahnung hatten. Wir haben uns über dein komisches Verhalten doch fast schwarz geärgert.«

»Wenn wir Bescheid gewusst hätten, hätten wir dich verstanden«, versichert Tim.

»Dann wären wir kein bisschen sauer gewesen«, unterstützt ihn Philipp.

»Mit Sicherheit nicht«, beteuere ich.

Lilly sieht uns mit großen Augen an. »Wirklich?«

»Absolut.« Philipp nickt heftig.

»Und ... seid ihr mir jetzt böse?« Ihre Stimme ist so leise, dass ich sie kaum verstehen kann.

»Natürlich nicht«, versichert Mia.

»Wir müssen jetzt halt gemeinsam zusehen, dass du aus diesem fürchterlichen Loch irgendwie wieder rauskommst«, ergänzt Greg.

Lilly wischt sich übers Gesicht und sagt nur ein einziges Wort: »Danke.«

»Du, Lilly, kennst du eigentlich schon Höglwörth?«, fragt Greg.

Vor Schreck wäre mir beinahe das Heunetz aus den Händen gefallen. Er wird doch nicht etwa ...?

Wir sind alle sechs im Pferdestall und schuften wie wild. Jawohl, auch Lilly ist dabei. Weil wir so lange geredet haben, sind wir nämlich total spät dran. Bald wird Oma schon Philipp, Lilly und Greg zum Abendessen rufen. Doch vorher müssen wir noch die Ställe fertig machen und die Pferde von der Weide holen. Darum hilft Lilly mit und dabei stellt sie sich gar nicht mal so ungeschickt an. Inzwischen bin ich mir ziemlich sicher, dass sie nicht zum ersten Mal in einem Stall arbeitet.

Doch jetzt stehe ich stocksteif da und frage mich, ob ich mich wohl verhört habe. Will Greg etwa wirklich Lilly mit Tim und mir nach Höglwörth schicken? Hat er eben auf dem Rückweg vielleicht schon kurz mit seinem Bruder darüber gesprochen? Wenn Tim einverstanden war, dann ...

Dann würde das heißen, dass ich ihm nichts bedeute. Und ich hab keine Ahnung, wie ich damit klarkommen soll. Jetzt kriege ich noch nicht mal mit, was Tim zu Gregs Frage sagen würde. Er ist nämlich gerade mit der Karre unterwegs, um ein paar neue Heuballen zu holen.

Und zu meinem großen Schrecken antwortet Lilly: »Äh ...

nein, von diesem Höglwörth hab ich noch nie was gehört. Warum?«

»Dann solltest du dir den Ort unbedingt mal ansehen«, meint Greg arglos. »Er liegt wunderschön in einer Talsenke an einem kleinen See. Morgen Vormittag muss mein Vater nach Anger, darum fährt er dort vorbei. Bestimmt nimmt er dich mit. Hanna und Tim wollen auch hinfahren.«

Oh Mann, Greg, am liebsten würde ich dich zum Mond schießen!

»Du machst mich echt neugierig«, erklärt Lilly. »Wenn Vera nichts dagegen hat, komme ich gerne mit.«

Ich könnte vor Wut platzen! Aber Greg merkt das nicht, im Gegenteil. Jetzt fragt er auch noch in ultrafreundlichem Ton: »Möchte sonst noch jemand mitfahren?«

Das wird ja immer besser! Wenn er so weitermacht, muss er am Ende noch einen Bus für uns mieten. Und Tim muss den Reiseführer spielen, statt mit mir alleine um den See zu spazieren.

»Leider kann ich nicht mitkommen«, erklärt Mia. »Meine Cousine hat nämlich eine Blinddarmentzündung. Morgen gehe ich sie mit meiner Oma im Krankenhaus besuchen.«

Philipp zuckt die Achseln. »Ich hab auch keine Zeit. Jemand muss hier doch die Stellung halten.«

»Du kannst mitfahren, wenn du willst. Am Nachmittag sind wir doch alle wieder zurück. Dann können wir zusammen ausmisten und anschließend gleich die Ställe fertig machen«, bietet ihm ausgerechnet Lilly an.

Aber Philipp schüttelt den Kopf. »Meine Mutter ist morgen schon ganz früh unterwegs, weil sie wegen der Renovierung einen Termin beim Denkmalamt hat. Darum müssen Oma und ich wohl oder übel ihre Arbeit machen.«

»Schade«, bedauert sie.

»Macht nichts«, meint er. »Ich kenne Höglwörth schon ganz gut.«

»Stimmt«, stellt Mia fest. »Oma pilgert am Karfreitag ja immer mit dir zum Heiligen Grab.«

Weil Lilly sie erstaunt ansieht, erklärt Greg: »Die Bürger von Höglwörth bauen alle drei Jahre in der Klosterkirche eine ziemlich fantasievolle Nachbildung des Heiligen Grabes auf, in dem Jesus nach seinem Tod gelegen hat. Die machen das schon seit fast zweihundert Jahren, es ist also eine richtig alte Tradition. Jedes Mal kommen mehr als zehntausend Menschen, um das Grab zu sehen.«

Klingt ziemlich interessant, überlege ich. Vielleicht kann ich Oma Leitmayr ja überreden, dass sie mich im nächsten Frühjahr auch mitnimmt.

Von draußen höre ich Schritte, dann kommt Tim mit dem vollen Heukarren zurück in den Stall. »Tut mir leid, Leute, aber ich muss euch jetzt ganz schnell verlassen. In sechs Minuten fährt nämlich definitiv der für heute letzte Bus von hier nach Freilassing«, erklärt er. »Also: Tschüss und bis morgen!«

Er wirft noch einen letzten Blick in die Runde, dann rennt er los.

Ich stehe da, immer noch verwirrt und total enttäuscht, weil meine Pläne für morgen Vormittag derart ins Wasser gefallen sind.

Ist Tims Blick einen Moment länger an mir hängen geblieben oder hab ich mir das bloß eingebildet?, frage ich mich. Dass er sich aber auch so schnell verabschieden musste ... Na gut, er hatte ja einen Grund dafür. Oder hat er den nur vorgeschoben, damit ich ihn nicht mehr auf Lilly ansprechen kann? Eigentlich hätte Greg ihn auch schnell mit dem Auto nach Hause fahren können.

Andererseits: Vielleicht weiß Tim noch gar nicht, dass sie mitkommen will.

Herrje! Ich hätte nie geahnt, dass Verknalltsein so kompliziert ist!

Erschrocken reiße ich die Augen auf. Doch ich starre in tiefe Dunkelheit und es dauert ein paar Atemzüge, bis ich registriere, dass ich sicher zu Hause in meinem Bett liege. Trotzdem klopft mein Herz immer noch wie wild.

So unruhig wie in dieser Nacht hab ich schon lange nicht mehr geschlafen. Immer wieder bin ich hochgeschreckt und dann hatte ich jedes Mal schlecht geträumt: von Lillys Eltern, die sich schrecklich gestritten haben, oder von einer bleistiftdürren, spukenden Ahnfrau, die, boshaft grinsend, der weinenden Lilly über die Schulter geschaut hat.

Gerade war ich im Traum aber mit Tim zusammen. Er ist mit mir um einen kleinen See spaziert – und Lilly ist uns auf dem Fuß gefolgt! Dann hat Tim sich umgedreht; er hat Lilly voller Mitleid angesehen und ihr den Arm um die Schulter gelegt. Das war so schlimm, dass ich jetzt garantiert nicht mehr einschlafen kann. Dabei ist es bestimmt noch mitten in der Nacht!

»Kikerikiii!!!«

Huch! Da hab ich mich schon wieder erschreckt. Aber diesmal war die Ursache nur ein real existierender Hahn und kein fürchterlicher Albtraum.

Warum hab ich nur jemals gedacht, dass es frühmorgens kaum etwas Schlimmeres geben kann als Carusos lauthals gekrähte Arien?

Gähnend greife ich nach meinem Handy und werfe einen Blick auf die Zeitanzeige: kurz vor sechs. Jetzt lohnt es sich eh nicht mehr, es noch mal mit dem Schlafen zu versuchen. Mir würde sowieso nur wieder so ein blöder Albtraum drohen. Aber na gut, der Tag gestern war ja auch ziemlich heftig. An die arme Lilly, die, weinend und total verzweifelt, unter den Tannen gesessen hat, darf ich gar nicht denken!

Am besten stehe ich sofort auf. Dann kann ich meinen Vater ausnahmsweise mit einem gedeckten Frühstückstisch überraschen. Ich muss ihm sowieso noch sagen, dass ich heute mit Tim nach Höglwörth fahren werde. Und mit Lilly leider auch.

Als ich gestern gegen zehn Uhr ins Bett gegangen bin, war Papa nämlich immer noch nicht von einer Sitzung in der Uni zurück.

»Kikerikiii!!!«

»Okay, Caruso, jetzt hast du's endgültig geschafft«, brumme ich und kämpfe mich hoch.

Was würde Papa wohl sagen, wenn er wüsste, dass ich mich in Tim verknallt habe?, überlege ich, während ich auf Zehenspitzen über den Flur schleiche. Er hat ihn zwar auf Anhieb gemocht, glaube ich. Trotzdem ...

Vorsichtig öffne ich die Tür zum Bad.

Ob er wohl eifersüchtig wäre?, frage ich mich, als ich meine Zahnbürste unter den Wasserhahn halte. Immerhin bin ich seit Mamas Tod sozusagen die einzige Frau in seinem Leben.

Unsinn. Er muss ja doch damit rechnen, dass ich mich jetzt irgendwann verliebe. Schließlich werde ich im kommenden Frühjahr schon vierzehn.

Ich greife nach der Zahnpastatube. Doch dann inspiziere ich mein Gesicht im Spiegel, statt mir die Zähne zu putzen.

Frustriert beäuge ich meine wirren Haare und mein verschlafenes Gesicht. Ob Tim sich überhaupt in mich verknallen könnte, wenn er wüsste, wie grässlich ich morgens nach dem Aufstehen aussehe? Aber vielleicht verliebt er sich ja sowieso nicht in mich, weil ich einfach nicht sein Typ bin. Oder weil er schon ... eine Freundin hat!

Bei dem Gedanken fährt mir der Schreck in alle Glieder.

Stopp, Hanna! Jetzt geht ja wohl deine Fantasie mit dir durch. Wenn Tim wirklich eine Freundin hat, hätte er dich mit Sicherheit nicht gefragt, ob du mit ihm nach Höglwörth fahren willst.

Da höre ich, wie die alten Fußbodendielen in Papas Schlafzimmer knarren.

Okay, das war's dann wohl mit der Frühstücksüberraschung.

Da öffnet er schon die Tür und steckt seinen Kopf herein. »Na, so was! Du bist auch schon wach?«

»Caruso, du weißt schon«, erkläre ich – das ist immerhin die halbe Wahrheit.

»Und das in den Ferien«, meint er kopfschüttelnd. Aber dann grinst er. »So kriege ich dich wenigstens mal ohne Reithosen und Stallmief zu Gesicht.«

Ich verdrehe die Augen.

»Dann mach uns mal schnell Frühstück. Bis gleich.« Er schließt die Tür und ich kann hören, wie er die Treppe hinuntergeht.

Wenn ich doch nur ein einziges Mal morgens so hellwach wäre wie er, denke ich und gähne. Dann putze ich mir endlich die Zähne.

Wenigstens hat Papa mich aus dem Grübeln gerissen. Dabei hatte ich mir doch fest vorgenommen, dieses ständige Nachdenken über Tim sein zu lassen. Bringt doch eh alles nichts.

Eine gute Stunde später sagt mein Vater mir Auf Wiedersehen. Ich räume den Tisch ab, und weil es erst kurz nach sieben ist, blättere ich noch ein bisschen in der Südostbayerischen Rundschau. Erst gegen halb acht stehe ich endgültig vom Tisch auf und mache mich auf den Weg zum Hof Glückstal. Um diese Zeit fangen die Leitmayrs nämlich immer mit dem Füttern der Pferde an. Und weil Vera heute Morgen nicht zu Hause ist, sind sie bestimmt froh, wenn ich ihnen ein bisschen helfe. Außerdem möchte ich wissen, wie es Lilly geht.

Aber als ich das Hoftor öffnen will, halte ich verdutzt inne. Denn sogar durch die dicke Tür kann ich aufgeregtes Stimmengewirr hören, dann ein Schluchzen ... ein leises Winseln ... und Veras Stimme: »Nun beruhigt euch doch erst mal.«

Sie müsste doch schon längst losgefahren sein!

»Auweia«, murmele ich. »Da ist definitiv was Schlimmes passiert.«

Vorsichtig drücke ich die schwere Klinke hinunter, schiebe das Tor ein Stückchen auf und stecke meinen Kopf durch den Spalt.

Ein paar Schritte vor mir stehen Vera, Oma Leitmayr, Philipp mit Wuschel und Greg, der die weinende Lilly in den Arm genommen hat.

»Ist deinen Eltern etwas passiert?«, frage ich erschrocken. »Oder Bint Moheefa?«

»Das Pferdl is' verschwund'n«, erklärt Oma, die im schwachen Licht der Morgendämmerung ganz blass aussieht.

»In ihrer Futterkrippe liegt ein von einem Computer ausgedruckter Zettel. Darauf steht, dass die von Kayersburgs fünfhunderttausend Euro Lösegeld für sie zahlen sollen.« Vera klingt total fassungslos.

Das ist ja eine Unmenge Geld, schießt es mir durch den Kopf.

Da schluchzt Lilly: »Wenn … wenn wir die Polizei einschalten … wird sie umgebracht.«

»Du meine Güte!«, entfährt es mir.

Tröstend streichelt Greg ihr über den Kopf. »Der Entführer will, dass wir so lange warten, bis er uns eine weitere Nachricht schickt.«

»Als ob das so leicht wär!« Oma breitet hilflos die Arme aus.

Mir wird ein bisschen schwindelig und ich muss mich ans Tor lehnen. Lilly tut mir so unendlich leid! Zuerst das mit ihren Eltern und jetzt hat auch noch jemand Bint Moheefa entführt!

Doch nach dem ersten Schrecken fällt mir etwas ein: »Warum hat Wuschel denn nicht gebellt? Und warum hat Erna sich nicht gemeldet? Die werden doch sonst immer unruhig, wenn im Pferdestall irgendwas nicht stimmt.«

»Wir sind uns ziemlich sicher, dass der Entführer ihnen Leckerlis mit Schlafmitteln gegeben hat«, erklärt Vera. »Erna liegt immer noch in der Küche an der Heizung und schläft tief und fest. Auch unser armer Hund ist total schlapp und müde.«

Das stimmt, Wuschel sieht völlig fertig aus. Obwohl es noch ziemlich kalt ist und unser Atem kleine Wölkchen in der Luft bildet, hockt er auf den Pflastersteinen des Hofes und starrt teilnahmslos vor sich hin.

»Es ist gut möglich, dass die beiden das Mittel schon gestern am frühen Abend bekommen haben«, fügt Greg hinzu. »Da waren sie nämlich mal wieder alleine auf der Hauptstraße spazieren.«

»Das macht Sinn.« Ich atme tief durch, dann gehe ich in den Hof und schließe das Tor hinter mir. »Und jetzt?«

»Das hab'n wir uns auch grad gefragt«, seufzt Oma.

»Wir müssen auf jeden Fall den von Kayersburgs Bescheid sagen«, beschließt Vera. Sie zieht ihr Handy aus der Tasche, wählt die Nummer und wartet ein bisschen ab.

»Herr von Kayersburg?«, sagt sie dann. »Guten Morgen, Vera Leitmayr hier ... Nein, nein, mit Lilly ist alles in Ordnung. Aber Bint Moheefa ist verschwunden. Jemand hat sie entführt.«

Konzentriert hört sie zu, was Lillys Vater ihr sagt. Dabei geht sie ein bisschen zur Seite, um in Ruhe mit ihm reden zu können.

Während sie telefoniert, stehen wir anderen vier ratlos zusammen.

»Ich find', wir sollt'n mal die Pferdln füttern«, schlägt Oma nach einer Weile vor. »'s hilft ja all's nix, die hab'n halt Hunger.«

»Vorher bringe ich aber noch schnell den armen Hund ins Haus. Sonst wird er uns noch krank, weil er so schlapp in der Kälte rumhängt«, beschließt Greg. »Außerdem rufe ich zu Hause an und sage Bescheid, dass Hanna und Lilly heute nicht mit nach Höglwört kommen.«

»Und ich schreibe Mia eine Nachricht auf WhatsApp. Die soll doch auch wissen, was hier passiert ist«, erkläre ich.

»Alles klar«, stimmt uns Philipp zu. »Wer von euch hilft mir beim Füttern?«

Am Ende schließen wir uns ihm alle an. Sogar Lilly folgt uns mit verweinten Augen und hängenden Schultern in den Pferdestall.

Wie jeden Morgen empfängt uns vielstimmiges Gewieher. Manche Haflinger treten sogar mit ihren Vorderhufen gegen die Boxenwände, weil sie heute ungewöhnlich lange auf ihr Futter warten mussten. Wir beeilen uns – nicht nur, weil die Pferde Hunger haben, sondern auch weil wir alle versuchen, uns von Moheefas Entführung abzulenken. Keiner von uns spricht ein Wort; wir arbeiten einfach nur verbissen vor uns hin: Philipp portioniert das Futter, Oma verteilt es an die Pferde, Greg holt Heuballen und Lilly und ich stopfen Heunetze.

Als alle Pferde zufrieden fressen, kommt endlich auch Vera in den Stall.

»Herr von Kayersburg ist schon auf dem Weg hierher, um sich mit uns zu besprechen«, klärt sie uns auf. »In einem sind wir uns aber schon einig: Die Polizei lassen wir vorerst wirklich aus dem Spiel.«

»Warum?«, will Oma wissen.

»Na, hör mal! Moheefa darf auf keinen Fall etwas passieren«, mischt Lilly sich ein. »Sie ist doch unsere wertvollste Zuchtstute. Außerdem hab ich … Ich hab sie doch so lieb.« Wieder beginnen ihr die Tränen über die Wangen zu laufen.

»Ist doch klar«, tröstet sie Philipp und legt ihr kurz die Hand auf die Schulter.

Vera atmet tief durch. »Am besten sehen wir erst mal zu, dass wir hier so schnell wie möglich aufräumen und kehren. Dann gehen wir in die Küche, warten auf Herrn von

Kayersburg und denken schon mal darüber nach, ob wir irgendwas machen können.«

»Alles klar«, antwortet Greg. »Na, dann los!«

Bald darauf sitzen wir um den großen, runden Tisch in Leitmayrs Küche.

»Fassen wir noch mal zusammen«, beginnt Vera. »Diese Nacht hat jemand Bint Moheefa aus ihrer Box entführt. Niemand hat etwas gemerkt, weil Wuschel und Erna sich nicht gemeldet haben.«

»So wie's aussieht, haben sie ein Beruhigungsmittel bekommen, und zwar eines, das es richtig in sich hatte«, ergänzt Greg. Dabei schaut er zu Veras Hund hinüber, der neben der leise schnarchenden Erna auf seiner Decke an der Heizung liegt und döst.

»Außerdem müss'n die Gauner sehr leis g'wes'n sein, sonst hätten's mich nämlich g'weckt«, ergänzt Oma.

Sie ist immer noch sehr blass. Doch trotz ihrer über achtzig Jahre sieht sie immer noch besser aus als Lilly, die wie ein Häufchen Elend mit rot geweinten Augen zwischen ihr und Greg hockt.

»Stimmt, du wirst ja immer schon beim leisesten Geräusch wach«, stimmt Philipp ihr zu.

Draußen erklingt der Lärm eines Automotors.

Verschlafen hebt Wuschel seinen Kopf und knurrt leise. Lilly dagegen springt auf, drängelt sich an Greg und mir vorbei, rennt zur Haustür und öffnet sie.

»Papa!«, ruft sie laut, dann höre ich, wie sie die Treppe hinunterrennt.

Vera steht auf und geht hinter ihr her. Ich höre, wie sie jemanden begrüßt.

Eine tiefe Stimme antwortet ihr. Dann ertönen Schritte im Flur und Lillys Vater kommt herein.

Über ihn hab ich mir bisher kaum Gedanken gemacht. Trotzdem: So hätte ich ihn mir nicht vorgestellt. Er ist groß, schlank und sieht ein bisschen würdevoll aus mit seinen grauen Haaren und dem kurzen Schnurrbart. Fast wirkt er auf mich wie ein englischer Lord. Aber er trägt keinen Anzug, sondern Jeans und einen dunkelroten Pullover. Der warme Ausdruck, mit dem er uns jetzt ansieht, macht ihn mir glatt ein bisschen sympathisch, ebenso wie der belustigte Blick, den er der schnarchenden Erna zuwirft.

Komisch, dass sich ausgerechnet so jemand mit seiner Frau zerstreitet, sogar eine Freundin zulegt und dann scheiden lässt, denke ich.

Auch Wuschel hat jetzt offenbar nichts mehr gegen unseren Besuch einzuwenden. Schwerfällig steht er auf und tappst mit leichtem Schwanzwedeln auf Herrn von Kaysersburg zu. Der beugt sich zu ihm hinunter und krault ihm das wollige Fell.

Vera stellt uns vor, dann bietet sie ihm ihren Stuhl an. Sie selbst setzt sich auf den letzten freien Platz auf der Bank, sodass wir mal wieder ganz eng zusammenrücken müssen. Dann wiederholt sie noch einmal, was wir gerade besprochen haben.

Während sie redet, fällt mir etwas auf. »Das kann ja wohl alles kein Zufall sein«, sage ich, als sie fertig ist. »Wenn Wuschel und Erna Leckerlis mit Schlafmitteln bekommen haben, muss sie vorher jemand heimlich auf der Straße abgepasst haben. Auf den Hof ist der Gauner wohl kaum gekommen, weil das doch mit Sicherheit jemand bemerkt hätte. Außerdem ...«

»Ha!«, ruft Greg aus. Offenbar hat er gerade kapiert, worauf ich hinauswill. »Der Entführer muss einiges über die Leitmayrs gewusst haben. Erstens ist ihm klar gewesen, dass sie einen wachsamen Hund und ein aufmerksames Hausschwein haben. Und zweitens hat er beobachtet, dass die beiden öfter ohne menschliche Begleitung auf der Straße spazieren gehen.«

»Das heißt: Er kennt sich hier aus«, schlussfolgert Philipp.

»Nicht nur das«, fahre ich fort. »Wer mitten in der Nacht, in tiefster Dunkelheit sehr leise ein Pferd aus seiner Box in eurem Stall holt, weiß auch auf eurem Hof gut Bescheid.«

»Der Verbrecher ist also in letzter Zeit mindestens einmal für längere Zeit hier gewesen«, stellt Vera fest. »Bestimmt kommt er aus unserer Gegend.«

»Vielleicht wohnt er sogar in Gessenhausen oder in unmittelbarer Nähe«, gibt Herr von Kayersburg zu bedenken.

Erschrocken schnappt Oma nach Luft. »Das kann ich mir nicht vorstell'n.«

»Es würde aber Sinn machen«, widerspricht ihr Greg.

»Trotzdem«, protestiert sie. »Für die Leut hier leg' ich meine Hand ins Feuer. Mit den' leb ich schon seit fast sechzig Jahr'n zusamm'. Drum weiß ich, dass die alle in Ordnung sind. Und neu Zugezogne gibt's hier nicht.«

»Außer den Wertheimers«, verbessert Greg sie.

»Na, hör mal!«, protestiere ich empört.

»Ich sag doch nicht, dass ihr es gewesen seid. Da käme ich auch gar nicht drauf«, beruhigt er mich. »Trotzdem seid ihr neu hier, oder?«

»Nun streitet euch mal nicht um so eine Kleinigkeit«, beschwichtigt Vera.

»Hannas Beobachtungen sind jedenfalls sehr wichtig«,

lobt mich Herr von Kayersburg. »Sie schränken den Kreis der Leute, die als Entführer infrage kommen, nämlich erheblich ein.«

Greg seufzt. »Aber es sind immer noch ziemlich viele Menschen, findet ihr nicht auch?«

Lillys Vater wiegt den Kopf. »Das schon. Aber wir haben jetzt einen wichtigen Vorteil: Wir wissen mehr über den Verbrecher, als er glaubt. Und er will sich wieder bei uns melden. Gut möglich, dass er sich dann versehentlich verrät, und sei es nur durch ein Detail.«

»Das ist immerhin etwas«, meint Philipp.

»Wir müss'n halt aufpass'n wie die Luchs'«, stellt Oma entschlossen fest.

»Ja, und jetzt?«, fragt Lilly. »Sollen wir einfach hier rumsitzen und Däumchen drehen?«

»Was willst du denn sonst machen?«, seufzt Greg. »Sollen wir etwa, mit Sensen und Mistgabeln bewaffnet, auf Verbrecherjagd gehen?«

»Guter Witz«, knurrt Philipp.

Lilly verschränkt die Arme vor der Brust. »Wenn das was bringen würde, würde ich es glatt machen.«

Da hebt Wuschel den Kopf und sogar Erna öffnet die Augen. Sie grunzt leise, dann richtet sie sich mühevoll auf und setzt sich auf ihr Hinterteil.

Jetzt hören wir Schritte auf der Treppe.

Vera springt auf. Als es klingelt, ist sie schon zur Tür unterwegs.

»Ja, wen haben wir denn da?«, fragt sie erstaunt. Dann erklingen Mias und Tims Stimmen.

»Hannas ... Hannas WhatsApp hab ich erst ... gekriegt, als wir schon nach Traunstein unterwegs waren«, keucht Mia, die offenbar bis hierher gerannt ist. »Ich hab eine Weile mit meiner Oma diskutiert, aber dann ... hat sie mich doch nach Gessenhausen zurückgebracht.«

»Und ich ... ich hab meinen Vater alleine nach Anger fahren lassen und ... den nächsten Bus hierhergenommen«, schnauft Tim.

Das darf nicht wahr sein, denke ich überrascht. Da hab ich eine Heidenangst um Moheefa und trotzdem schlägt mein Herz schneller, sobald ich Tims Stimme höre.

»Lieb, dass ihr so schnell gekommen seid«, sagt Vera.

Dann tauchen die beiden in der Küche auf. Und zu meinem Erstaunen drückt sich hinter ihnen ein bisschen schüchtern Bertl Moser durch die Tür. Er hält eine Mappe in der Hand.

Erna ist aufgestanden. Steif von ihrem außergewöhnlich langen Schlaf tapst sie zu Bertl hinüber und beschnuppert ihn interessiert.

»Dann sind wir ja jetzt alle zusamm'«, stellt Oma fest.

Bertl wirft ihr einen überraschten Blick zu.

»Klar doch, du gehörst auch schon ein bisschen dazu«, bestätigt Vera. »Genau wie Greg und sein Bruder. Die kennen wir ja auch noch nicht lange.«

Tim lächelt.

»Schließlich willst du im kommend'n Sommer eine Zeit lang bei uns arbeit'n«, fügt Oma hinzu.

»Außerdem kennst du Lilly und Moheefa«, ergänzt Philipp. Bertl sieht voller Mitleid die verweinte, völlig fertige Lilly an.

»Herr von Kayersburg, das ist Albert Moser«, stellt Vera ihn vor. »Er wird im nächsten Jahr ein Praktikum auf unserem Hof machen. Nun bringt er mir noch einige Papiere, die ich für die Versicherung brauche. Die beiden anderen sind Mia Steinbichler, die Tochter meiner Freundin, und Tim, der Bruder von Greg.«

Herr von Kayersburg nickt ihnen freundlich zu und meint: »Gut, dass ihr da seid. Je mehr Leute wir sind, umso eher haben wir vielleicht eine gute Idee.«

»Aber wir ham'n nicht mehr g'nug Stühl'«, sagt Oma.

»Dann setzen wir uns halt auf den Boden«, erklärt Tim, zieht sein Sweatshirt aus, legt es auf den Boden und lässt sich darauf nieder. Mia tut es ihm nach.

Bertl dagegen tritt verlegen von einem Fuß auf den anderen. »Ich ... ich würd ja auch gern dableiben«, meint er. »Aber ich muss zurück nach Hause. Ich hab nämlich Papa versprochen, ihm ... äh ... ihm zu helfen.«

Vera nickt nur, also streichelt er Erna noch einmal kurz über den Kopf, dann drückt er Vera seine Mappe in die Hand und macht sich wieder auf den Weg. Doch in der Küchentür dreht er sich noch einmal zu uns um und wünscht uns leise »Viel Glück!«.

Prompt laufen der armen Lilly schon wieder die Tränen über die Wangen. Ihr Vater beugt sich zu ihr hin und legt ihr die Hand auf den Arm.

»Wir bringen das schon wieder in Ordnung«, meint er tröstend.

Fragt sich nur, wie, denke ich bedrückt.

Wieder wirft Bertl ihr einen durch und durch mitfühlenden Blick zu. Dann verlässt er mit schnellen Schritten das Haus.

Vera bringt ihn zur Tür. Als sie zurückkommt, haben wir den beiden Neuankömmlingen schon erklärt, was wir uns überlegt haben.

»Und was wollt ihr nun machen?«, fragt Tim.

»Abwarten«, brummt Philipp frustriert. »Oder fällt jemandem was Besseres ein?«

Herr von Kayersburg zuckt die Achseln. »Früher oder später wird sich der Entführer wohl melden. Dann sehen wir weiter. Bis dahin können wir tatsächlich nichts Vernünftiges tun.«

»Willst ... willst du das Lösegeld denn bezahlen?«, fragt Lilly ängstlich.

Hilflos sieht er sie an. »Ehrlich gesagt: Ich weiß es nicht. Fünfhunderttausend Euro ist ja wirklich eine riesige Menge Geld. Viel mehr, als Bint Moheefa wert ist.«

Bei den letzten Worten ist Lilly erschrocken zusammengezuckt. Jetzt starrt sie ihn mit großen Augen an.

»Man darf diese Sache aber nicht nur finanziell sehen«, räumt er schnell ein. »Sie ist nämlich unsere beste Zuchtstute und eines der wenigen asilen Araberpferde weltweit. Außerdem hast du sie sehr lieb. Und ... ich mag sie doch auch. Sehr sogar.« Er seufzt.

Wuschel hört es und spitzt seine Ohren, dann steht er auf, legt seinen Kopf auf Herrn von Kayersburgs Oberschenkel und sieht ihn mit großen Augen an.

»Sie müssen das ja nicht sofort entscheiden«, beruhigt ihn Vera.

Er nickt traurig und beginnt, den Hund hinter den Ohren zu kraulen.

Vera dagegen schaut entschlossen in die Runde. »Es hat wohl keinen Sinn, wenn wir hier weiter herumsitzen. Und die Pferde haben ihr Heu inzwischen mit Sicherheit aufgefressen. Bestimmt warten sie schon darauf, dass wir sie auf die Weide führen. Also: Wer hilft mir?«

Wir stehen alle auf, auch Herr von Kayersburg. Oma allerdings erklärt: »Während ihr euch um die Pferdl kümmert, mach ich die Bett'n und räum' die Spülmaschin' aus. Einer muss ja hierbleib'n und drauf warten, dass sich der Entführer meld't.«

Während wir hinausgehen, pfusche ich mich möglichst unauffällig neben Tim, der bedrückt, mit den Händen in den Taschen, vor sich hin stapft.

»Tja, das war's dann wohl mit Höglwörth«, sagt er leise zu mir.

»Das ist das geringste Problem«, antworte ich. »Außerdem können wir's doch nachholen.«

In Gedanken füge ich hinzu: Dann aber hoffentlich ohne Lilly! Insgeheim freue ich mich, weil er offenbar traurig darüber ist, dass wir den Tag nicht zusammen verbringen können. Oder zumindest anders als gedacht.

Weil wir acht Leute sind, brauchen wir nicht lange, bis wir alle Haflinger auf die Weide gebracht haben. Danach lehnen wir nebeneinander am Weidezaun und sehen den Pferden beim Grasen zu.

Dafür, dass es gerade mal Vormittag ist, bin ich unglaublich müde. Und den anderen scheint es nicht anders zu gehen. Vielleicht liegt das ja daran, dass uns Moheefas Verschwinden so furchtbar erschreckt hat.

»Eigentlich ist das gar kein Wetter für eine Entführung«, stellt Tim nach einiger Zeit fest.

Ich schaue auf. Tatsächlich, die Sonne scheint und über den Himmel ziehen nur wenige Wolken. Außerdem ist es so warm, dass ich in meinem Sweatshirt ein bisschen schwitze. Aber das hab ich bisher alles noch gar nicht richtig registriert.

»Stimmt schon. Ein ordentliches Gewitter mit Blitz und Hagelschlag würde eindeutig besser passen«, seufzt Mia.

»Ich frag mich nur: Warum macht jemand so was?«, fragt Lilly, die neben ihrem Vater steht. »Warum nimmt mir jemand meine geliebte Moheefa weg und droht sogar, sie umzubringen?«

»Gute Frage«, brummt Philipp, der Wuschel hinter den Ohren krault.

Ein paar Atemzüge lang herrscht bedrücktes Schweigen.

»Auf jeden Fall geht es dem Entführer um Geld. Sonst würde er nie und nimmer eine solch horrende Summe fordern«, stellt Greg schließlich fest.

»Um was denn sonst?«, seufzt Herr von Kayersburg.

»Vielleicht um den ideellen Wert, von dem Sie eben gesprochen haben?«, schlägt Tim vor.

»Für so was wird doch wohl keiner zum Verbrecher«, protestiert Mia.

»Das würde ich nicht sagen«, widerspricht Lillys Vater. »Immer wieder verschwinden teure Kunstgegenstände aus den Häusern von Privatbesitzern und gelegentlich sogar aus Museen. Manchmal tauchen sie Jahre später im Tresor eines Kunstsammlers wieder auf. Solche merkwürdigen Leute sind tatsächlich bereit, kriminelle Wege einzuschlagen, um heimlich ein bestimmtes Gemälde oder eine Statue zu besitzen.«

»Die sind ein bisschen verrückt, oder?«, vermutet Philipp.

»Wahrscheinlich«, meint Vera. »Aber, wie Greg schon sagte, bei Moheefas Entführer liegen die Dinge anders. Ihm geht es offensichtlich wirklich nur ums Geld.«

Unauffällig schaue ich zu Lilly hinüber, die blass und mit hängenden Schultern am Zaun lehnt.

»Wir müssen wohl oder übel nach den skrupellosesten, gemeinsten Leuten in unserer Gegend suchen«, stellt Mia grimmig fest.

»Nicht unbedingt. Im Grunde könnte es jeder sein. Man schaut den Leuten nämlich leider nicht hinter die Stirn«, sagt Vera.

Herrn von Kayersburgs Antwort ist ein bitteres Lachen.

»Schade«, findet Mia. »Mir sind nämlich schon ein paar Kandidaten eingefallen. Sie kommen nicht unbedingt hier aus Gessenhausen, aber schon aus der Umgebung.«

»Wie wär's denn, wenn ihr jetzt mal einen großen Spaziergang macht?«, schlägt Vera vor. »Ihr könnt Wuschel mitnehmen; der freut sich bestimmt. Falls wir in der Zwischenzeit etwas von dem Entführer hören sollten, geben wir euch per Handy Bescheid.«

»Meinetwegen. Ist wohl besser, als gar nichts zu tun«, urteilt Philipp. »Oder will jemand hierbleiben?«

»Ich werde mich endlich mal auf den Weg zu den Fohlen machen«, erklärt Greg. »Eigentlich bin ich ja auf dem Hof Glückstal, um meine Bachelorarbeit zu schreiben. Aber das hatte ich, ehrlich gesagt, vor lauter Aufregung schon fast vergessen.«

Wir anderen schließen uns Philipp und Wuschel an.

7

Eine schlimme Überraschung

Gemeinsam wandern wir auf einem schmalen Grasweg um Gessenhausen herum.

Was sind wir doch für eine traurige Truppe! Wir trotten mit hängenden Köpfen nebeneinanderher und keiner sagt ein Wort. Bestimmt sieht man uns schon auf hundert Meter Entfernung an, dass irgendwas nicht in Ordnung ist.

Unsere bedrückte Stimmung hat sogar auf Wuschel abgefärbt: Obwohl er sich normalerweise über jeden Spaziergang freut, schleicht er mit eingezogenem Schwanz neben uns her.

Doch als wir die Asphaltstraße fast wieder erreicht haben, wird er ganz aufgeregt. Schnuppernd biegt er auf einen breiten Spazierweg ab, der den Hügel hinauf in Richtung Wald führt.

Philipp dreht sich zu uns um. »Wir können ihm doch folgen.«

»Warum nicht?«, stimmt ihm Mia achselzuckend zu.

Kurz entschlossen, gehen wir hinter Wuschel her, der, aufgeregt witternd und suchend, vor uns herläuft.

»Wetten, er hat ein Kaninchen gerochen?«, vermute ich.

»Schön, dass er noch einen Kopf für so was hat«, seufzt Tim. »Hund müsste man sein, aber echt.«

Wir haben die Bäume fast erreicht, als Wuschel plötzlich schneller wird.

»Was macht er denn jetzt?«, murmelt Philipp und will ihn zurückrufen.

Doch da bleibt sein Hund stehen. Auffordernd und mit erhobenem Vorderlauf, sieht er sich nach uns um.

»Das sieht jetzt aber nicht mehr nach Kaninchen aus«, meint Mia.

Eilig geht Philipp zu Wuschel hin. Er beugt sich zu ihm hinunter, richtet sich aber gleich wieder auf und ruft: »Kommt mal schnell her!«

Das muss er uns nicht zweimal sagen.

Mia erreicht die beiden als Erste. »Na, so was!«, stößt sie verblüfft hervor.

Noch zwei Schritte, dann bin ich bei ihr und erkenne es auch: Auf der trockenen Erde liegen die Reste von frischem Pferdemist! Es sind nur ein paar feuchte Krümel und eine Schleifspur; alles sieht danach aus, als hätte sich jemand redlich bemüht, so gut es geht, ein paar Pferdeäpfel mit dem Fuß zur Seite zu schieben.

Mit wild klopfendem Herzen folge ich der Spur mit den Augen. Dann sehe ich die Pferdeäpfel, die halbwegs versteckt zwischen den Grashalmen am Wegesrand liegen.

»Das muss Moheefa gewesen sein«, stellt Philipp fest.

Vor lauter Aufregung werden meine Handflächen feucht. Doch gleichzeitig frage ich mich: Warum ist er sich da so sicher?

Mit zitternder Stimme spricht Lilly meine Bedenken aus: »Wie kommst du darauf? Hier gibt es doch mit Sicherheit noch mehr Pferde.«

»Das schon«, räumt Mia ein. »Aber diese Pferdeäpfel hier

sind höchstens ein paar Stunden alt. Und mit Veras Haflingern ist heute noch niemand unterwegs gewesen. Dann sind da noch die beiden Springpferde vom Aussiedlerhof Oedt, doch deren Besitzerin ist total merkwürdig. Stellt euch vor: Sie reitet nicht aus, weil sie Angst hat, dass ihren wertvollen Warmblütern im Gelände vielleicht was passieren könnte.«

»Aber Springreiten ist nicht gefährlich, oder wie?«, meint Tim und verdreht die Augen.

Ein schiefes Grinsen zieht sich über Philipps Gesicht. Dann fährt er fort: »Außerdem haben nur noch die Huber-Bauern drei süddeutsche Kaltblüter.«

»Das hier sind aber nie und nimmer die Pferdeäpfel von Kaltblütern. Dafür sind sie viel zu klein«, stellt Tim fest.

»Eben«, bestätigt Mia. »Das bedeutet ...«

»... es muss wirklich Moheefa gewesen sein«, haucht Lilly. Ihr scheint ein bisschen schwindelig geworden zu sein, denn sie hält sich an meiner Schulter fest.

Philipp beugt sich zu Wuschel hinunter, der, aufgeregt schwanzwedelnd, zu ihm aufsieht, und lobt ihn: »Gut gemacht, alter Junge!«

Ich höre ihn kaum. Denn ich hab schon wieder etwas gesehen. Und das sind eindeutig ...

»Hufspuren!«, rufe ich aus.

Sofort sind die anderen bei mir.

»Tatsächlich«, meint Lilly.

Und Mia fügt hinzu: »Kein Wunder, dass wir die bisher nicht gesehen haben. Der Boden ist hier nämlich ziemlich trocken, darum sind sie nur ganz schwach.«

»Aber Hanna hat aufgepasst«, lobt mich Philipp und klopft mir anerkennend auf die Schulter.

Langsam, mit nach vorne gebeugten Oberkörpern, gehen wir weiter. Und tatsächlich finden wir immer wieder neue Hufspuren. Als wir den schattigen Wald erreicht haben und die Erde auf unserem Weg feuchter ist, werden sie sogar deutlicher und sind häufiger zu erkennen. Ab und zu entdecken wir daneben auch die schwachen Abdrücke von Schuhsohlen.

Nach einer Weile biegen die Spuren nach links auf einen schmalen, halb überwachsenen Waldweg ab.

Philipp, der den Anfang bildet, bleibt stehen. »Ich glaube, ich weiß, wo Moheefa ist. Dahinten ist nämlich eine Lichtung mit einem alten Schuppen.«

Lilly schnappt nach Luft.

»Ja klar, den kenne ich auch«, bestätigt Mia. »Früher haben dort Waldarbeiter ihr Werkzeug gelagert. Doch in den letzten Jahren ist er baufällig geworden und jetzt steht er leer. Aber warte mal ... Das Ding ist doch abgeschlossen. Wie soll der Entführer denn da reingekommen sein?«

»Schlösser kann man knacken«, wendet Tim ein.

»Okay. Ich finde, wir sollten jetzt zurück nach Gessenhausen gehen und den anderen Bescheid sagen«, schlage ich vor.

»Nein.« Lillys Stimme klingt plötzlich erstaunlich fest. »Erst mal will ich sicher sein, ob meine Moheefa wirklich in diesem Schuppen ist. Und ich will wissen, ob es ihr gut geht.«

Fragend sehen wir uns an.

»Na gut«, beschließt Philipp.

»Besser, du nimmst vorher Wuschel an die Leine. Sonst macht er sich noch selbstständig und stattet dem Entführer einen Überraschungsbesuch ab«, warnt ihn Mia.

Er nickt und zieht die Leine aus seiner Hosentasche. Dann machen wir uns auf den Weg.

Unser Pfad wird immer schmaler. Bald schlagen uns Tannenäste ins Gesicht und der Boden ist kreuz und quer von Brombeerranken überwachsen. Wir müssen höllisch aufpassen. Vor allem der arme Wuschel hat zu kämpfen. Manchmal kann er kaum über die dornigen Pflanzen hinwegklettern; immer wieder bleibt er darin hängen.

Trotzdem: Moheefa und ihr Entführer sind eindeutig hier gewesen. Das beweisen nicht nur die Hufspuren und ein Büschel weißer Schweifhaare, das an einem Ast hängen geblieben ist, sondern auch die vielen Abdrücke von großen Schuhen.

Moment mal! Unwillkürlich bleibe ich stehen und schaue genauer hin. Vielleicht hab ich mich ja geirrt ...

Nein, ich habe richtig gesehen.

»Ist irgendwas?« Mit fragendem Gesicht dreht Tim sich nach mir um.

»Allerdings«, antworte ich. »Ich bin mir jetzt nämlich ganz sicher, dass wir es mit mindestens zwei Verbrechern zu tun haben.«

»Warum?«, will Philipp wissen.

»Hier ist der Boden ja noch richtig feucht, darum kann man die Fußabdrücke deutlich erkennen«, erkläre ich. »Und gerade hier an dieser Stelle kann ich klar sehen, dass sie verschieden groß sind. Außerdem haben sie unterschiedliche Profile.«

»Auch das noch!« Mia schüttelt sich.

Mir ist auch ganz schön mulmig zumute.

»Auf jeden Fall ist es gut, dass wir Bescheid wissen«, urteilt Philipp.

»Eben«, bestätigt Tim. »Wir werden die Hütte ja wohl nicht stürmen, sondern die Polizei rufen. Die ist dann gleich vorgewarnt.«

Da hat er auch wieder recht. Trotzdem: Als wir weitergehen, kriecht mir immer mehr die Angst in die Glieder. Alle möglichen Fragen gehen mir durch den Kopf: Ob es noch weit ist? Was ist, wenn die Verbrecher uns bemerken? Und was sollen wir tun, wenn Wuschel plötzlich zu knurren anfängt ... oder sogar zu bellen ... oder wenn er sich losreißt? Da wäre es doch besser, wenn wir jetzt schon umkehrten und die Polizei riefen.

Aber die anderen gehen immer noch mit festen Schritten weiter. Übertrieben ängstlich, wirken sie auch nicht. Vor allem Lilly nicht. Seit sie weiß, wo Moheefa ist, erkenne ich sie kaum wieder. Mit schnellen Schritten geht sie uns als Erste voran und es kümmert sie überhaupt nicht, dass sich immer wieder Dornen in ihren Kleidern festkrallen. Sie scheint wirklich zu allem entschlossen zu sein, um ihr geliebtes Pferd zu retten.

Jetzt fange ich an, mich über mich selbst zu ärgern. Nein, ich will kein Feigling sein. Darum werde ich jetzt die Zähne zusammenbeißen. Und damit basta!

Lilly bleibt abrupt stehen. Vorsichtig biegt sie die Äste der Tannen auseinander, die direkt vor ihr den Weg versperren. Sie stellt sich auf die Zehenspitzen, dann winkt sie uns aufgeregt zu sich.

Mit zwei, drei Schritten bin ich bei ihr und schaue ebenfalls über die Tannenäste.

Vor uns liegt eine große Lichtung. Sie ist mit Gras und niedrigen Sträuchern bewachsen, zwischen denen sich jede Menge Traktorenspuren tief in den Boden gegraben haben.

Und am anderen Ende steht tatsächlich ein Schuppen. Seine Tür ist offen!

»Okay«, haucht Tim, der neben mir steht. »Irgendwas ist da los.«

»Ja klar«, wispert Lilly. Ihre Stimme klingt angespannt, aber alles andere als ängstlich. Und in ihren Augen liegt ein geradezu grimmiges Leuchten.

Da! Ein Pferd schnaubt!

Wuschel spitzt die Ohren und fiept leise.

Philipp legt ihm die Hand auf den Kopf. »Okay, jetzt können wir wirklich ganz sicher sein. Darum machen wir wohl besser, dass wir hier wegkommen.«

»Genau«, bestätigt Tim. »Wenn wir uns ein Stück entfernt haben, rufst du deine Mutter an. Und die Polizei.«

»Ja klar, mach das«, stimmt ihm Lilly zu. »Ich bleibe solange hier.«

»Bist du verrückt geworden? Das ist viel zu gefährlich«, widerspricht ihr Mia.

Wie um ihre Aussage zu bestätigen, hören wir ein lautes Husten aus der Hütte.

Mindestens ein Entführer ist hier, höchstens hundert Meter von uns entfernt! Mein Wunsch, so schnell wie nur möglich von hier zu verschwinden, wird plötzlich fast übermächtig.

Mit Sicherheit hat auch Lilly das Husten gehört. Trotzdem erklärt sie: »Ist mir egal. Ich lasse Moheefa nicht alleine. Auf gar keinen Fall.«

Wie sie so dasteht – sehr blass, aber mit vor der Brust verschränkten Armen und wild entschlossenem Blick, wirkt sie so, als würde sie ihr geliebtes Pferd wenn nötig sogar mit bloßen Händen gegen die Verbrecher verteidigen.

Unwillkürlich muss ich an ihre Urahnin denken, die lieber verhungerte, als ihre Burg den Feinden zu übergeben.

»Ich versteh dich ja«, meint Philipp. »Aber ...«

»Dann bleibe ich halt bei ihr«, bietet Mia an. »Es ist wirklich besser, wenn jemand von uns hier ist. Stellt euch mal vor, die Entführer bringen Moheefa von hier weg und wir kriegen nichts davon mit!«

»Genau«, unterstützt sie Lilly. »Oder sie gehen mal ein bisschen spazieren. Das ist möglich, denn wahrscheinlich fühlen sie sich sehr sicher. Dann können wir Moheefa einfach aus der Hütte holen.«

Mia wirft ihr einen geschockten Blick zu. Aber das scheint sie nicht im Geringsten zu beeindrucken. »Wenn's eng wird, haben wir doch immer noch unsere Handys«, erklärt sie und klopft zur Bestätigung mit der rechten Hand auf ihre Anoraktasche.

»Dann machen wir's doch so: »Lilly, Mia und ich bleiben hier. Philipp und Hanna dagegen gehen mit Wuschel ein bisschen weiter weg und rufen die Erwachsenen an«, schlägt Tim vor.

»Gut.« Philipp fasst Wuschels Leine fester. »Dann los, Hanna! Wir dürfen keine Zeit mehr verlieren.« Er marschiert auch gleich los.

Es passt mir absolut nicht, Mia und Lilly hier zurückzulassen. Tim sowieso nicht. Trotzdem weiß ich, dass Philipp recht hat. Darum nicke ich den dreien kurz zu und gehe mit schnellen Schritten hinter ihm her.

Diesmal scheint es entsetzlich lange zu dauern, bis wir uns über den fast zugewachsenen Pfad unseren Weg gebahnt haben. Irgendwann bleibt Philipp endlich stehen, zieht sein Handy aus der Tasche, wählt, hält es an sein

Ohr ... und schüttelt frustriert den Kopf. »Kein Empfang. So 'n Mist!«

Oh nein, ausgerechnet jetzt! Genervt verdrehe ich die Augen.

»Dann müssen wir wohl noch ein bisschen weiter laufen«, seufze ich und setze mich wieder in Bewegung.

»Vielleicht klappt's ja mit dem Telefonieren, wenn wir den anderen Weg erreicht haben«, hofft Philipp.

Wenigstens wird das Gehen nach ein paar Metern etwas leichter, denn der Pfad ist jetzt breiter und das Gestrüpp ist auch nicht mehr ganz so dicht gewachsen. Trotzdem hab ich das Gefühl, dass wir immer noch viel zu langsam vorwärtskommen.

Nach einer gefühlten Ewigkeit sehe ich durch die Äste und Blätter, dass der breite Spazierweg vor uns liegt.

»Na also!«, will ich erleichtert ausrufen. Aber da bleibt Wuschel stehen und hebt angespannt eine Vorderpfote.

Auch Philipp ist für einen Moment ganz steif geworden. Nun biegt er vorsichtig die Blätter des Strauches auseinander, der direkt vor ihm am Rande des breiten Weges steht, und schaut durch die Lücke.

Er hat etwas gesehen. Aber was? Mit wild pochendem Herzen schleiche ich zu ihm hinüber.

»Da ist jemand«, wispert er, als ich noch nicht ganz bei ihm angekommen bin.

Mit meiner rechten Hand schiebe ich Wuschel vorsichtig ein bisschen zur Seite und dränge mich etwas dichter an Philipp heran.

Tatsächlich, jemand geht auf uns zu. Er kommt aus der Richtung von Gessenhausen und ist noch recht weit entfernt, nur ein dunkler Umriss im Zwielicht des Waldes. Mit hängendem Kopf, die Hände in den Hosentaschen, spaziert er langsam näher. Trotz der Entfernung bin ich mir ziemlich sicher, dass es sich um eine männliche Person handelt.

Plötzlich zuckt Philipp zusammen, seine Augen weiten sich ... und werden kurz darauf zu schmalen Schlitzen. Seine rechte Hand ballt sich zur Faust.

Neben mir zieht Wuschel den Schwanz ein und schaut schüchtern zu ihm auf.

Ich drücke mich noch ein bisschen näher an den Strauch heran ... und werde starr vor Schreck. Jetzt kann nämlich auch ich die Gestalt auf dem Weg erkennen.

Aber ... das ist ja Bertl Moser! Was macht der denn hier? Ob er etwas mit Moheefas Entführung zu tun hat?

Nun hat er unser Versteck schon fast erreicht. Er trottet an uns vorbei, dann biegt er tatsächlich nach links ab, auf den zugewachsenen Pfad, über den wir gekommen sind! Ich kann es nicht fassen.

Da lässt Philipp die Leine los. Blitzschnell macht er einen solch heftigen Sprung, dass Blätter und kleine Äste in alle Richtungen fliegen; mit der vollen Wucht seines muskulösen Körpers stürzt er sich auf den erschrockenen Albert, beide fallen zu Boden, dann hebt er die Faust drohend über Bertls Gesicht, doch bevor er zuschlagen kann, habe auch ich einen großen Satz gemacht und halte seinen Arm fest.

»Hör auf! Es bringt doch nichts, ihn zu verprügeln!«, schreie ich. Fast gleichzeitig werfe ich einen alarmierten Blick auf Wuschel, der knurrend aus dem Gebüsch gesprungen ist und mit gebleckten Zähnen neben seinem Herrn steht. Hoffentlich stürzt er sich nicht auch noch auf Bertl!

Philipp hält tatsächlich inne. Dann lässt er langsam seine

Hand sinken. Trotzdem sprüht der Zorn immer noch aus seinen Augen und seine Stimme bebt ein wenig, als er Bertl fragt: »Was habt ihr euch dabei bloß gedacht?«

Mit weit aufgerissenen Augen sieht der Junge ihn an. Dann schießen ihm Tränen in die Augen.

»Heul nicht, antworte!«, grollt Philipp.

»Es ... es ist ... wegen meiner Mutter«, stottert Albert.

»Was soll das denn heißen?«, fragt Philipp.

»Sie ...« Bertls Stimme klingt merkwürdig gepresst. »... sie stirbt.«

Entsetzt starren wir ihn an. Dann rückt Philipp ein wenig zur Seite, sodass Albert sich aufrichten kann. Aber er hat immer noch die rechte Hand des Jungen gepackt und er lässt sie auch jetzt nicht los.

Bertl tut mir glatt ein bisschen leid. Er ist kreideweiß, der rechte Ärmel seines Anoraks ist zerrissen und darunter kann ich eine Schürfwunde erkennen. Er muss sich verletzt haben, als Philipp ihn zu Boden geworfen hat.

»Das musst du mir erklären«, fordert Philipp.

Bedrückt senkt Bertl den Kopf. »Sie hat Krebs. Eine ganz seltene Form.«

Fassungslos schlage ich die Hand vor den Mund. Und Philipp ist so geschockt, dass er Albert jetzt doch loslässt.

»Die Ärzte ... sie sagen, es gibt keine Behandlungsmöglichkeiten. Jedenfalls nicht hier in Deutschland«, fährt Bertl fort. »Aber in Japan probieren Wissenschaftler gerade eine neue Methode aus und ihre ersten Erfahrungen sind überwältigend gut. Bis jetzt sind alle ihre Patienten gesund geworden.«

»Na, Gott sei Dank!«, entfährt es mir.

Jetzt stürzen die Worte nur so aus ihm heraus. »Das Problem ist nur: Unsere Krankenkasse bezahlt diese Behandlung nicht, auch nicht den teuren Transport nach Japan. Alles zusammen würde um die zweihunderttausend Euro kosten. Und die haben wir nie und nimmer. Einen Kredit kriegen wir auch nicht; Papa war schon bei sämtlichen Banken hier in der Gegend. Die wissen nämlich alle, dass wir so viel Geld niemals zurückzahlen können. Wir müssen ja schon sparen, damit wir die Raten für unser neues Auto abstottern können. Aber das war ein Gebrauchtwagen, der nur ein paar Tausend Euro gekostet hat.«

»Dass deine Mutter sterben muss, ist denen egal, oder wie?«, fragt Philipp. Er klingt jetzt gar nicht mehr wütend, sondern betroffen.

»Warum geht es allen Leuten eigentlich immer nur ums Geld?«, murmele ich. Albert zuckt stumm die Achseln.

»In eurer Not habt ihr also den Plan gefasst, Lillys Pferd zu entführen und Lösegeld zu verlangen«, stelle ich fest.

»Ja schon«, gibt er zu. »Das heißt: Eigentlich war es gar nicht unsere Idee, sondern die von Papas Arbeitskollegen Johann Filzgruber. Der ... der ist wohl spielsüchtig oder so was. Jedenfalls glaubt das mein Vater. Denn inzwischen ist Johann so überschuldet, dass er das Haus zu verlieren droht, das er von seinen Eltern geerbt hat. Darum ...« Er atmet tief durch und spricht nicht mehr weiter.

»... darum hat er euch die Entführung vorgeschlagen«, fährt Philipp an seiner Stelle fort. »Und das Lösegeld will er sich mit deinem Vater teilen«, ergänze ich. »Deswegen habt ihr in eurem Brief auch nicht zweihunderttausend Euro gefordert, sondern gleich eine halbe Million.«

»Und die beiden waren so schlau, dich heute Morgen mit deinen Bewerbungspapieren als Vorwand zum Hof

Glückstal zu schicken«, stellt Philipp kopfschüttelnd fest. »In Wirklichkeit solltest du die Lage vor Ort checken und vielleicht sogar rauskriegen, was wir vorhaben.«

Albert nickt. Dabei sieht er uns mit einem derart schlechten Gewissen an, dass er mir nun endgültig leidtut. »Das ... das war übrigens auch Johanns Idee.«

Wir müssen jetzt erst mal verdauen, was wir gerade gehört haben.

»Und was machen wir nun?«, frage ich schließlich.

»Was Bertl erzählt hat, ändert ja wohl alles«, urteilt Philipp mit rauer Stimme.

»Du hast absolut recht«, stimme ich ihm zu. »Jetzt, wo wir wissen, was wirklich los ist, können wir die Mosers nicht einfach so an die Polizei verraten.«

»Nicht?« Überrascht sieht Albert uns an, dann ruft er aus: »Oh danke! Vielen, vielen Dank!«

»Kannst du nicht einfach zu deinem Vater und diesem Johann gehen und ihnen sagen, dass sie uns Moheefa zurückgeben sollen?«, schlägt Philipp vor.

»Ja genau«, pflichte ich ihm bei. »Danach setzen wir uns mit unseren Eltern zusammen und überlegen, wo ihr das Geld, das ihr so dringend braucht, auf ganz legale Weise herbekommt.«

Bertls Augen weiten sich; plötzlich spricht aus ihnen nackte Angst. »Das geht nicht. Dieser ... dieser Johann ... also, der ist gefährlich, absolut skrupellos. Er hat sogar eine Waffe! Nie und nimmer wird er dieses wertvolle Pferd einfach so rausrücken, solange er das Geld nicht hat. Der Mann ist absolut unberechenbar, im Moment sogar noch mehr als sonst. Seit wir Moheefa entführt haben, säuft er sich nämlich andauernd mit Bier und Schnaps Mut an. Aber er ist schlau und trinkt nie so viel, dass er nicht mehr weiß, was er tut.«

»Ach du lieber Himmel!«, stöhne ich und fasse mir an den Kopf.

Er nickt heftig. »Papa hat vorher gar nicht geahnt, was das für einer ist.«

»Ja, und jetzt?«, fragt Philipp ratlos.

»Wir müssen einen Weg finden, um Moheefa zu befreien. Und die Mosers müssen das Geld bekommen, das sie für die Behandlung von Bertls Mutter brauchen«, resümiere ich. Dabei hab ich null Ahnung, wie wir das alles hinkriegen sollen!

»Außerdem dürfen wir die Polizei nicht mit hineinziehen«, ergänzt Philipp.

»Das wollt ihr wirklich machen?«, fragt Albert noch einmal ungläubig.

»Fragt sich nur: Wie?«, seufze ich.

»Allein können wir das nicht entscheiden«, beschließt Philipp und steht auf. »Darum gehen wir jetzt alle zusammen zu den anderen zurück.«

»Ja genau«, pflichte ich ihm bei. »Wir erklären ihnen die Lage und überlegen gemeinsam, was wir machen.«

Er nickt. »Zusammen finden wir bestimmt eine Lösung.«

»Wer sind denn die anderen?«, will Bertl wissen.

»Mia, Tim und Lilly«, kläre ich ihn auf. »Die haben sich an der alten Waldhütte versteckt und beobachten, was dort passiert.«

»Aber wenn die erfahren, was Papa und ich gemacht haben, dann zerreißen die mich in der Luft. Besonders Lilly«, widerspricht er. Aus seinen Augen leuchtet wieder die Angst.

»Das glaub ich nicht«, widerspricht Philipp. »Also los, steh endlich auf!« Doch dann wirft er ihm einen prüfenden Blick zu. »Warte, ich helf dir. Du siehst nämlich ziemlich angeschlagen aus.«

»Endlich seid ihr wieder da!«, flüstert Mia erleichtert. »Wo wart ihr denn so lange? Wir hatten schon Angst, dass ...«

Jetzt klappt ihr die Kinnlade hinunter, denn hinter uns taucht Albert zwischen den Bäumen auf.

»Wo habt ihr denn den aufgegabelt?«, fragt Tim verblüfft.

Ich beginne, die ganze Geschichte zu erzählen. Dabei erkläre ich zuerst, in welcher Lage Frau Moser ist.

»Stellt euch vor: Keine der Banken, bei denen Herr Moser gewesen ist, gibt ihm einen Kredit. Die haben alle Angst, dass sie ihre blöde Kohle nicht zurückkriegen«, schaltet Philipp sich ein.

»Du meine Güte«, seufzt Lilly kopfschüttelnd.

»Und damit ihr irgendwie zu Geld kommt, habt ihr Moheefa entführt, oder?«, schlussfolgert Tim.

»Hm ... ja«, gibt Bertl zögernd zu. »Aber da ist auch noch Johann Filzgruber. Er hat den Plan ausgeheckt, weil er die Hälfte des Lösegeldes haben will. Der Typ ist ... also, er ist brandgefährlich. Das hat Papa vorher überhaupt nicht gewusst.«

»Wir können also nicht einfach zu der Hütte hinmarschieren und Herrn Moser sagen, dass er uns Moheefa zurückgeben soll«, überlegt Mia laut.

Lilly steigen wieder Tränen in die Augen. »Natürlich nicht! Aber sie ist in den Händen eines skrupellosen Entführers und wir müssen sie dort herausholen. So schnell wie nur möglich!«

»Nun reg dich mal nicht zu sehr auf. Besser, wir überlegen erst mal weiter. Wetten, wir finden einen Weg?«, versucht Tim, sie zu beruhigen.

Sie nickt und wischt sich energisch über das Gesicht. Mia legt ihr tröstend den Arm um die Schulter.

Eine Weile herrscht nachdenkliche Stille. Wir haben uns in einem kleinen Kreis zwischen die Bäume gehockt. Wuschel liegt bei uns; er hat seinen Kopf auf die Vorderbeine gelegt und scheint ein bisschen zu dösen. Philipp streichelt ihn mit nachdenklichem Gesicht. Mia hat sich einen kleinen Stock geschnappt und kratzt damit abwesend in der Erde herum. Tim dagegen hat sich auf einem Baumstumpf niedergelassen und reibt sich ununterbrochen das Kinn. Und Albert lehnt mit dem Rücken an einem Stamm; ängstlich schaut er immer wieder von einem zum anderen.

Da hebt Lilly den Kopf. »Die Mosers kriegen das Geld, das sie brauchen.«

Überrascht blickt Philipp auf. »Und wie?«

»Na, von mir natürlich.« Sie setzt sich gerade hin. »Vor ein paar Monaten ist meine Großtante gestorben. Sie hat mir eine sehr wertvolle Villa in Spanien vererbt und die haben Papa und ich gerade verkauft. Von dem Erlös kann ich die zweihunderttausend Euro für die Mosers bezahlen.«

Bertl macht große Augen. »Das meinst du doch nicht ernst.«.

»Doch natürlich«, nickt sie. »Mach dir da mal keine Sorgen. Das Leben deiner Mutter ist sowieso mehr wert.«

»Vielen, vielen Dank!« Er geht einen Schritt auf sie zu; für einen Moment sieht es glatt so aus, als wolle er vor Lilly auf die Knie fallen.

»Bloß nicht!« Sie springt auf und tritt schnell einen Schritt zurück.

»Da gibt's aber ein Problem: Du darfst das gar nicht allein entscheiden, weil du noch nicht volljährig bist. Dein Vater muss zustimmen«, sagt Tim vorsichtig.

»Oh, der ist bestimmt einverstanden. Da bin ich mir absolut sicher«, beteuert Lilly.

»Fragt sich bloß: Wie holen wir Moheefa aus der Hütte da drüben raus?«, überlegt Mia.

Hilflos sehen wir uns an.

Da hebt Wuschel den Kopf und schaut angespannt auf die Lichtung. Ein leises Knurren kommt aus seiner Kehle.

»Was ...«, beginne ich, da klingt aus der Hütte ein dumpfer Knall, ganz so, als hätte ein Pferd in Panik gegen eine morsche Wand getreten.

»Na warte, dir zeig' ich's, du blöder Gaul!«, brüllt eine fremde Stimme.

Moheefa wiehert, nein, sie schreit regelrecht – und Lilly spurtet los, quer über die Lichtung, in Richtung Hütte.

»He!«, keucht Philipp entsetzt, dann stürzt er hinter ihr her, dicht gefolgt von Wuschel. Auch ich laufe los, schneller noch als Tim, Mia und Albert. Ich registriere gar nicht richtig, was ich mache, aber ich renne, was meine Lungen nur hergeben, stolpere, fange mich wieder ...

»He, lass das Pferd in Ruh'«, höre ich jemanden in der Hütte rufen, dann ein Rumpeln ...

Lilly ist an der Türe angekommen, reißt sie auf und schreit voll Entsetzen: »Nein, nicht schlagen!«

Jetzt sind Wuschel und Philipp bei ihr. Noch zwei Sprünge, dann habe ich die drei erreicht und kriege gerade noch mit, wie der Hund mit einem Riesensatz auf einen grobschlächtigen blonden Kerl losgeht, der eine lange Peitsche in der Hand hält. Krachend gehen die beiden zu Boden; sie landen direkt vor einem zweiten Mann, der benommen am Boden liegt, ganz so, als hätte ihn jemand niedergeschlagen. Hinter ihnen sehe ich Moheefa; ihre Augen sind vor Angst weit aufgerissen, sie versucht zu steigen, doch sie ist so fest angebunden, dass sie nur verzweifelt mit dem Kopf rucken kann.

»Papa! Was hat der Filzgruber mit dir gemacht?«, schreit Bertl, der gerade in der Tür ankommt. Er rennt zu dem am Boden liegenden Mann und kniet sich neben ihn.

Wuschel ist vor Wut wie entfesselt. Knurrend beißt er zu; der blonde Typ schreit auf, aber dann schlägt er dem armen Hund derart heftig mit dem dicken Knauf der Peitsche gegen den Kopf, dass er jaulend zur Seite torkelt und zu Boden sinkt.

Moheefa stößt ein entsetztes Schnauben aus und reißt wieder an ihrem Strick.

»Na warte!«, brüllt Philipp. Rasend vor Zorn, will er sich auf den fremden Kerl stürzen, doch der greift an seine Hüfte – und hält ein großes Messer in der Hand!

»Okay, Kinderchen, das war's«, sagt er mit bösartigem Grinsen und richtet sich ganz auf. »Jetzt seid ihr mal alle ganz brav und stellt euch dahinten an die Wand.«

Wir tun, was er sagt. Was bleibt uns denn übrig?

»Da habt ihr mir ja ein feines Geschenk gemacht«, triumphiert der Verbrecher. »Jetzt hab ich nicht nur dieses blöde Pferd, sondern auch noch das liebe Töchterlein derer von Kayersburg und ein paar von ihren Freunden. Dafür kriegen wir mit Sicherheit das Vierfache an Lösegeld.«

Da hebt Wuschel seinen Kopf und versucht aufzustehen.

»Na warte, du blöder Köter!«, brüllt Johann, fährt herum und fuchtelt mit seinem Messer.

»Nein!«, schreit Philipp.

Atemlos sehe ich, dass sich plötzlich ein dunkler Schatten von hinten auf den Verbrecher wirft. Das muss Herr Moser sein!

»Vorsicht, Papa!«, ruft Albert und spurtet los, fast gleichzeitig mit Tim und Philipp. Herr Moser schreit auf; die drei Jungen werfen sich über die beiden, alle fünf bilden ein undefinierbares Knäuel ... unter dem ein dünnes Rinnsal Blut hervorfließt.

Dann wird es für ein, zwei Atemzüge still in der Hütte. Das Einzige, was ich noch hören kann, ist Moheefas hektisches Schnaufen.

Oh Gott, was ist passiert?, denke ich ... Da steht Bertl langsam auf. Ich erkenne, dass Philipp seine Arme fest um Herrn Filzgruber geschlungen hat. Er hängt regelrecht an ihm dran, während Tim den linken Arm des Entführers auf dessen Rücken festhält. Neben den dreien liegt nutzlos das Messer.

Aus den Augenwinkeln bemerke ich, dass Lilly zu der langen Peitsche hinüberschleicht, die vergessen an der Wand liegt.

»Papa!«

Das war Albert. Erschrocken werfe ich einen kurzen Blick zu ihm hinüber und sehe, dass er neben seinem Vater kniet. Der liegt immer noch neben Herrn Filzgruber auf dem Boden und blutet aus seinem linken Oberschenkel.

»Auweia!«, keucht Tim. Philipp starrt Herrn Moser nur entsetzt an.

»Ich helf euch!«, ruft Mia, eilt zu den beiden hinüber ... und Herr Filzgruber nutzt die Schrecksekunde, um die beiden Jungs mit ein paar schnellen, harten Bewegungen abzuschütteln und aufzuspringen. Oh nein, er hat das Messer wieder in der Hand!

Mit einem gefährlichen Grinsen wendet der Gauner sich den beiden Jungs zu. »So, und jetzt wird endlich pariert, ihr blöden ...« Da zischt es leise und er schreit er laut auf! Noch ein Zischen ertönt, er brüllt noch einmal; wieder beginnt Moheefa, panisch zu bocken ...

Über Johann Filzgrubers linke Wange zieht sich jetzt ein blutiger Striemen und nun erst kapiere ich: Das war Lilly!

Mit flammenden Augen, die lange Peitsche in der Hand, steht sie hinter dem Verbrecher. Ihr Gesicht ist vom Zorn verzerrt, wieder reißt sie die Peitsche hoch ...

»Was ist denn hier los?« Die fremde, tiefe Stimme hat so viel Autorität, dass ich sofort nach rechts über die Schulter schaue – und schon wieder bekomme ich einen Schrecken. Denn in der Tür steht ein Polizist, ein großer Mann mit grauen Schläfen, und er hält eine Pistole in der Hand!

Langsam geht er zu dem Verbrecher hinüber – ich habe keinen Zweifel, dass er wirklich schießen wird, wenn es nötig ist – und nimmt ihm das Messer ab. Hinter ihm kommt noch jemand in die Hütte, erst auf den zweiten Blick wird mir klar, dass es sich um eine Polizistin handelt. Eilig geht sie zu Herrn Moser und dem verzweifelt die Hände ringenden Bertl hinüber.

»Ich kann euch helfen«, sagt sie mit betont ruhiger Stimme zu dem aufgeregten Jungen. Dann wendet sie sich an seinen Vater. »Da ist wohl eine große Ader verletzt. Wir müssen die Blutung unbedingt zum Stillstand bringen. Ich weiß, wie das geht.«

Gott sei Dank, wir sind gerettet!, denke ich und vor lauter Erleichterung wird mir ein bisschen schwindelig. Aber wie kommt die Polizei hierher? Wie haben die uns überhaupt gefunden? Und was werden sie mit Albert und seinem Vater machen?

In Windeseile drängen sich diese Gedanken in meinen Kopf; sie scheinen sich regelrecht zu überschlagen. Darum registriere ich nur so halb, dass noch ein junger Polizist hereinkommt. Er geht zu Lilly hinüber. Sie hält die Peitsche immer noch fest in der Hand, ihre Wangen sind dunkelrot und ihre glühenden Augen fixieren nach wie vor den leise fluchenden Entführer, dem der ältere Beamte gerade Handschellen anlegt.

Der junge Polizist kapiert wohl, dass er es mit einer entfesselten Furie zu tun hat, denn er bleibt stehen.

»Gib mir das Ding, ja?«, bittet er sie freundlich.

Sie scheint ihn nicht zu hören.

»Du brauchst es jetzt nicht mehr«, fährt er mit ruhiger Stimme fort. »Wir nehmen den Übeltäter jetzt fest.«

Sie reagiert immer noch nicht.

»Es ist vorbei, hörst du?«, versucht er es weiter. »Ein für allemal vorbei. Versprochen.«

Da nimmt Lilly endlich ihre Augen von Johann Filzgruber. Sie sieht den Polizisten an und atmet tief durch; die lange Peitsche gleitet aus ihrer Hand. Dann dreht sie sich um und geht zu Moheefa hinüber, die, zitternd und klatschnass geschwitzt, dasteht. Sie legt ihre Arme um den Hals der Stute und drückt sich ganz fest an sie.

»Ist doch gut, mein Schatz«, sagt eine wackelige Stimme von der Tür aus.

Das ist Herr von Kayersburg!, denke ich verblüfft.

Tatsächlich, er steht im Eingang. Neben ihn drängeln sich Vera, die beim Anblick des Chaos in der Hütte die Hände vors Gesicht schlägt, und der kreidebleiche Greg.

»Jetzt sind wir ja wohl alle beisammen«, stellt Tim verblüfft fest. Er hockt auf dem Boden und reibt sich seine offenbar lädierte Schulter.

Entschlossen löst sich Herr von Kayersburg aus der kleinen Gruppe, geht eilig zu seiner Tochter hinüber und zieht sie ganz vorsichtig von Moheefa weg. Dann nimmt er sie in den Arm.

Mia, die immer noch neben Herrn Moser kniet, ist ihm mit den Augen gefolgt. Nun sieht sie wieder Vera und Greg an und fragt ungläubig: »Sagt mal, wie kommt ihr denn hierher?«

»Ahem ...« Die geschockte Vera muss sich erst mal räuspern. »Vor ungefähr einer Stunde klebte ein Brief am Tor. Darin forderte jemand uns auf, das Geld zu dem alten Bildstock am Waldrand zu bringen. Dann ...«

Sie hält inne, weil wir Jugendlichen jetzt alle zu Bertl hinüberschauen. Der zieht beschämt die Schultern hoch und nickt. »Ja klar, den Brief hab ich da angebracht. Wer denn sonst?«

Vera macht große Augen und sagt nichts mehr. Offenbar ist sie so verwirrt, dass ihr die Worte fehlen.

»Als Oma Leitmayr von dem Bildstock hörte, hat sie sich daran erinnert, dass sich dort bis vor wenigen Jahren jeden Morgen die Waldarbeiter getroffen haben«, fährt Greg an ihrer Stelle fort. »Darum hat sie sofort an diese alte Waldhütte hier gedacht. Die wäre doch ein ideales Versteck für ein Pferd, hat sie gemeint.«

»Wir sind gleich hierhergelaufen«, fährt Herr von Kayersburg fort. »Als wir unterwegs auch noch einen Rest Pferdemist entdeckt haben, den jemand eilig zur Seite ins Gras geschoben hatte, hat Vera die Polizei angerufen.«

Die findet nun endlich ihre Sprache wieder. »Wir wussten natürlich nicht, dass ihr auch schon hierher gefunden hattet«, fügt sie hinzu.

»Dank Wuschel«, erklärt Philipp. Er blutet an seiner linken Wange und sein Sweatshirt ist zerrissen. Trotzdem kniet er neben seinem tapferen Hund. Der kann zum Glück schon wieder sitzen, ja, er wedelt sogar ein bisschen mit dem Schwanz.

»Warum habt ihr Deppen uns denn nicht angerufen?«, fragt Greg ärgerlich.

»Kein Empfang«, erklärt Tim und zuckt die Achseln. Doch dabei verzieht er das Gesicht und greift sich wieder an seine schmerzende Schulter.

»Das darf doch nicht wahr sein!«, ruft Vera aus.

»War aber so«, versichert Philipp.

»So, und nun erzählt uns doch bitte, was passiert ist«, fordert uns der grauhaarige Polizist auf.

Keiner von uns sagt etwas; wir sehen uns nur betreten an. Schließlich wollen wir Bertl und seinem Vater keine Schwierigkeiten machen!

»Sagt ihnen ruhig, wie's wirklich gewesen ist«, fordert uns Herr Moser mit gepresster Stimme auf. »Früher oder später kommt die Wahrheit ja doch heraus.«

Unsicher schaue ich ihn an.

Den armen Kerl hat es wirklich böse erwischt! Unter seinem Bein hat sich jetzt schon eine große Blutlache gebildet. Auch seine Kleidung ist total von Blut verschmiert. Aber die Polizistin, die gerade mit dem Rettungsdienst telefoniert, hat die Wunde inzwischen fest verbunden und das Bein auf einem niedrigen Hocker hochgelagert. Und Herr Moser ist sehr blass; mit Sicherheit hat er auch schlimme Schmerzen. Doch er ist offensichtlich bei klarem Verstand und weiß, was er sagt.

»Tut's einfach«, schaltet sich Albert ein. »Ich halt mein schlechtes Gewissen eh nicht mehr lange aus.«

»Na gut«, erkläre ich und schildere kurz, aber so präzise wie möglich, wie wir den Entführern auf die Spur gekommen sind.

»Als wir den breiten Weg erreicht hatten, haben wir gesehen, dass uns Bertl entgegenkam«, ende ich.

Philipp fährt fort: »Ich habe mir gedacht, dass er in der Entführung mit drinhing. Und ich bin so wütend geworden, dass ich mich sofort auf ihn gestürzt habe.«

Mit sichtbar schlechtem Gewissen schielt er zu seinem Opfer hinüber.

»Ist kein Thema mehr, echt nicht«, beruhigt ihn Bertl.

»Versteh ich das richtig? Habt ihr Mosers etwa Moheefa entführt?«, fragt Vera fassungslos.

»Ja. Zusammen mit Johann Filzgruber«, gesteht Herr Moser mit hängendem Kopf.

»Moment mal! Das stimmt nur so halb!«, ruft Mia aus. »Bertls Mutter ist schwer an Krebs erkrankt und die einzige Behandlung, die ihr helfen kann, wird von der Krankenkasse nicht bezahlt. Sie kostet aber zweihunderttausend Euro. Das können die Mosers sich nicht leisten und keine Bank gibt ihnen einen Kredit. Was hätten sie denn machen sollen?«

»Eben.« Lilly macht sich von ihrem Vater los. »Dass sie meine Moheefa entführt haben, war ... Also, das war ja wohl nur Mundraub oder so was Ähnliches.«

»Jedenfalls kein richtiges Verbrechen«, unterstützt Tim sie.

»Ich will auf gar keinen Fall, dass Sie die Mosers deswegen festnehmen oder sogar einsperren«, erklärt Lilly mit Nachdruck. »Darum werde ich sie auch nicht wegen der Entführung anklagen. Und wo kein Kläger, da kein Richter. So heißt es doch, oder?«

Erstaunt sieht der grauhaarige Polizist sie an. »Sollen wir den Herrn Filzgruber denn auch freilassen?«

»Natürlich nicht!«, ruft Mia aus. »Der hat Moheefa verprügelt und auf Wuschel ist er sogar mit dem Messer losgegangen!«

»Auf Herrn Moser auch«, ergänze ich. »Außerdem wollte er uns als Geiseln nehmen, um noch mehr Geld zu kassieren. Aber da hat der Herr Moser nicht mitgemacht. Deswegen hat er den Herrn Filzgruber sogar angegriffen. Nur darum wurde er so schwer verletzt.«

Der grauhaarige Polizist nickt. »Trotzdem war Herr Filzgruber nicht der Einzige, der Moheefa entführt hat. Die Mosers haben mitgemacht. Darum müssen sie auch vor Gericht.«

»Mitgefangen, mitgehangen!«, grollt Herr Filzgruber.

Voller Entsetzen starren wir zuerst ihn, danach den Polizisten an.

Doch Lilly tritt einen Schritt vor. Sie hat die Arme vor der Brust verschränkt und ihre Wangen beginnen schon wieder zu glühen. »Das darf nicht sein. Falls es wirklich so weit kommt, wird der Richter die Ohren anlegen, wenn ich meine Aussage mache. Dann werde ich ihm nämlich so was von die Meinung geigen … Dabei ist Moheefa doch mein Pferd und ich hab sie ganz schrecklich lieb.«

»Hut ab vor Ihrer Tochter!«, sagt der grauhaarige Polizist zu Herrn von Kayersburg. »Sie hat wirklich Charakter. Überhaupt hab ich den Eindruck, dass hier eine prima Truppe zusammengekommen ist.«

Er wendet sich wieder Lilly zu. »Ich verstehe dich ja. Und im Prinzip gebe ich dir sogar völlig recht. Aber die Gesetzeslage ist nun mal so, dass wir die Mosers erst mal mit aufs Revier nehmen müssen und dass es eine Gerichtsverhandlung geben ...«

»Dann ist die Gesetzeslage voll gemein!«, protestiere ich, stelle mich neben Lilly und sehe dem Beamten zornig in die Augen.

»Nun lass den Mann doch erst mal ausreden«, ermahnt mich Herr von Kayersburg.

»Ja eben«, meint der und fährt fort: »Das alles bedeutet nämlich nicht, dass die beiden schlimm bestraft werden.«

»Nicht?«, wundert sich Albert.

»Ganz sicher«, beteuert er. »Der Richter muss die Umstände berücksichtigen, unter denen die Mosers das Verbrechen begangen haben. Und die sprechen in diesem Fall eindeutig für die beiden.«

»Das kann man wohl sagen«, erklärt Tim. Er ist jetzt endlich aufgestanden, aber er hält sich immer noch die schmerzende Schulter.

»Höchstwahrscheinlich muss Bertl nur ein paar Stunden Sozialarbeit leisten, also vielleicht in einem Tierheim oder in einer Pflegeeinrichtung für Behinderte mithelfen«, erklärt der Polizist. »Und was Herrn Moser angeht ...«

Fragend sieht er ihn an. »Haben Sie sich vorher schon mal etwas zuschulden kommen lassen?«

»Einen Punkt in Flensburg wegen zu schnellem Fahren«, gesteht Alberts Vater zerknirscht.

Der Polizist lächelt. »Wenn das alles ist ... Also, das spielt in diesem Fall überhaupt keine Rolle. Darum bin ich mir ziemlich sicher, dass die Strafe, die Sie bekommen werden, zur Bewährung ausgesetzt wird.«

»Was bedeutet das?«, fragt Philipp.

»Eine sogenannte Bewährungsstrafe bekommt ein Angeklagter nur, wenn der Richter ihm grundsätzlich Vertrauen schenkt. Falls man damit rechnen darf, dass er kein schlimmes Verbrechen mehr begehen wird, muss er vorläufig nicht ins Gefängnis«, erklärt die Polizistin, die immer noch neben Herrn Moser kniet. »Nur wenn der Verurteilte in den nächsten zwei bis fünf Jahren noch einmal eine schwere Straftat begeht, schickt man ihn hinter Gitter. Dann muss er allerdings auch noch seine Bewährungsstrafe mit absitzen.«

»Ach so«, murmelt Albert und es klingt fast wie ein erleichterter Seufzer.

»Die Sache wird glimpflich für Sie beide ausgehen. Etwas anderes kann ich mir gar nicht vorstellen«, tröstet ihn der junge Polizist.

Herr Moser ist so erleichtert, dass er regelrecht in sich zusammensackt. Er ist jetzt noch bleicher als vorher und ich hab richtig Angst, dass er ohnmächtig wird.

Die Polizistin sieht ihren Chef an. »Der Mann hat wirklich viel Blut verloren. Gut, dass jetzt bald der Rettungshubschrauber kommt und ihn ins Krankenhaus bringt.«

Eine halbe Stunde später bahnen wir uns, erschöpft, aber auch zutiefst erleichtert, den Rückweg über den zugewachsenen Pfad. Vera geht mit Herrn von Kayersburg voran, gefolgt von Lilly, die Moheefa am Strick führt. Danach kommen Mia und ich, dann Greg und Tim. Den Schluss bildet Philipp mit Wuschel, der sich zum Glück wieder einigermaßen erholt hat, und der junge Polizist mit seiner Kollegin.

Bertl dagegen ist mit seinem Vater und dem grauhaarigen Polizisten in den Rettungshubschrauber gestiegen. Die drei fliegen gerade ins Krankenhaus nach Traunstein.

Lange Zeit spricht keiner von uns. Erst als wir auf den breiten Weg abgebogen sind, meldet sich Lilly zu Wort: »Du, Papa ...«, beginnt sie vorsichtig.

»Was ist los?«, fragt er und geht ein bisschen langsamer, sodass sie mit ihrem Pferd zu ihm aufschließen kann.

»Ich hab mir etwas überlegt, wegen Bertls Mutter«, fährt sie fort.

Oha! Jetzt geht es um das Geld für Frau Mosers Behandlung, denke ich und spitze die Ohren.

»Okay, und was hast du für eine Idee?«, will er wissen.

»Wir haben doch Tante Aurelias Villa verkauft. Und jetzt möchte ich Frau Moser von dem Geld so viel abgeben, wie sie für ihre Behandlung braucht«, erklärt sie. »Du bist doch einverstanden, oder?«

Ihr Vater ist total verdutzt. »Tja, also ... Darüber muss ich erst mal nachdenken.«

Eine Weile geht er schweigend vor sich hin.

Ich bin so gespannt, dass ich kaum noch weiß, wie ich Luft holen soll.

»Bitte stimmen Sie doch einfach zu! So schwer kann die Entscheidung doch nicht sein«, würde ich ihm am liebsten zurufen. Aber ich hab Angst, dass er dann sauer wird, weil ich mich zu sehr in seine Angelegenheiten einmische.

»Herrgott noch mal, warum sagt er denn nicht endlich was?«, raunt mir Mia nach einer gefühlten Ewigkeit zu.

Ich werfe ihr einen hilflosen Blick zu.

Da räuspert er sich.

Endlich! Mein Herz beginnt, wie rasend zu klopfen.

»Ganz ehrlich, Lilly: Ich bin dagegen«, erklärt er in festem Ton.

Das darf doch nicht wahr sein! Entsetzt schlage ich die Hand vor den Mund.

»Papa«, flüstert Lilly fassungslos. »Aber ... aber warum denn?«

»Weil ich die Hälfte der Behandlungskosten übernehmen will«, erklärt er lächelnd. »Und auch das Honorar für einen besonders guten Anwalt für Bertl und seinen Vater. Den Rest darfst du gerne beisteuern.«

»Oh danke! Vielen, vielen Dank!«, ruft Lilly so laut, dass Moheefa erschrocken den Kopf hochwirft. Dann fällt sie ihrem Vater um den Hals.

8

Entscheidung am See

Eigentlich müsste ich Bertl ja fast dankbar sein«, gesteht Lilly. Sie lehnt am Geländer der hölzernen Brücke und beobachtet die Fische, die träge durch das klare Wasser unter uns gleiten.

Wir sind doch noch nach Höglwörth gefahren, wenn auch mit einem Tag Verspätung. Chauffeur Leopold höchstpersönlich hat uns mit dem Rolls-Royce in Gessenhausen abgeholt und hierhergebracht.

Der Tag gestern war echt lang und sehr anstrengend. Bis wir alle auf der Polizeiwache unsere Aussagen gemacht hatten, hat es noch Stunden gedauert. Aber die Beamten waren total nett zu uns. Sie haben uns sogar Kaffee gekocht und Pizza geholt.

Draußen war es dunkel, als wir endlich zurück in Gessenhausen waren. Und in der Küche vom Hof Glückstal wartete mein geschockter Vater. Erst vor ein paar Minuten war er aus Salzburg zurückgekommen. Weil ich nicht zu Hause war, hatte er sich Sorgen gemacht und war zum Hof Glückstal hinübergegangen. Oma hatte ihm nur das Wichtigste erzählt, darum wollte er von mir noch mal alles ganz genau wissen. Also hab ich sozusagen alles zum zweiten Mal zu Protokoll gegeben. Dabei war ich todmüde!

Aber was sollte ich machen? Unglücklicherweise hat er mir auch noch tausend Fragen gestellt. Vor allem wollte er immer und immer wieder wissen, ob ich mir vielleicht doch wehgetan hätte und ob ich mit meinen aufwühlenden Erlebnissen auch ganz bestimmt klarkäme. Also ehrlich: So aufgeregt hab ich ihn vorher noch nie erlebt.

Irgendwann lag ich aber doch endlich im Bett. Und dann konnte ich nicht einschlafen. Pausenlos gingen mir die Ereignisse des vergangenen Tages durch den Kopf. Ab und zu nickte ich zwar mal ein. Aber es dauerte nicht lange, bis ich wieder hochgeschreckt bin, denn ich hatte jedes Mal Albträume. Manchmal hab ich beim Wachwerden auch geweint, zum Beispiel, als ich von dem armen Bertl und seiner Mutter, von dem jaulenden, schwankenden Wuschel oder von dem von Bosheit verzerrten Gesicht dieses grässlichen Johann Filzgruber geträumt habe. Irgendwann gegen zwei Uhr nachts bin ich aber doch noch fest eingeschlafen und es hat fast bis zum Mittag gedauert, bis ich wieder aufgewacht bin.

Als ich in die Dusche gehen wollte, hab ich festgestellt, dass mein armer Papa heute all seine Termine und Veranstaltungen in Salzburg abgesagt hatte, weil er sich solche Sorgen um mich machte. Inzwischen hab ich ihn aber überzeugen können, dass seine Angst total unnötig war. Sonst hätte er mich, glaube ich, auch nicht nach Höglwörth fahren lassen.

Jetzt ist es vier Uhr nachmittags und Tim, Lilly und ich stehen auf einer kleinen Brücke, die über einen Seitenarm des Höglwörther Sees führt.

Es war echt eine gute Idee hierherzufahren. Hier fragt uns wenigstens nicht dauernd jemand, wie es uns geht! Außerdem ist es so wunderbar ruhig und friedlich, dass ich mich endlich langsam entspanne und den Schrecken des gestrigen Tages ein bisschen hinter mir lassen kann.

»Ich versteh nicht so richtig, was du meinst, Lilly«, sagt Tim. »Du hast doch wirklich keinen Grund, Albert dankbar zu sein. Eher schon umgekehrt.«

Seine Stimme reißt mich aus meinen Gedanken und ich wende mich wieder den beiden zu.

»Na ja«, meint sie. »Gestern Nacht konnte ich lange nicht einschlafen. Da ist mir ganz viel klar geworden. Zum Beispiel, was die Scheidung meiner Eltern angeht. Okay, das ist richtig, richtig schlimm ...«

»Das kann man wohl sagen«, bestätige ich. »Du hast allen Grund, verzweifelt zu sein.«

Sie nickt. »Schon. Aber meine Eltern sind wenigstens noch da, und zwar alle beide. Klar, ich muss mich entscheiden, bei wem ich wohnen will. Aber den anderen kann ich immer noch besuchen, genauso wie die Tiere, die bei ihm leben. Bertls Mutter dagegen ... Höchstwahrscheinlich wird sie jetzt ja gesund, Gott sei Dank! Aber stell dir mal vor, sie wäre gestorben. Dann hätte Bertl sie verloren, für immer und ewig. Das ist doch noch mal viel, viel schlimmer.«

»Da hast du auch wieder recht«, findet Tim.

»Mit meiner Situation werde ich schon irgendwie fertig«, fährt sie mit fester Stimme fort. »Ich werde mich daran gewöhnen – vielleicht nicht sofort, aber mit der Zeit ganz sicher. Dann werde ich auch nicht mehr traurig sein.«

»Du bist ja wohl echt tapfer«, sage ich bewundernd.

Sie zuckt die Achseln. »Wenn ich Alberts Schicksal nicht so hautnah vor Augen geführt bekommen hätte, hätte ich das nicht so schnell kapiert.«

»Das kann sein«, meint Tim. »Andererseits hättest du die

ganze letzte Nacht aber auch einfach nur vor dich hin heulen können, statt nachzudenken. Das wäre sogar verständlich gewesen. Ich hab mich nämlich auch stundenlang im Bett hin und her gewälzt. Und als ich endlich eingeschlafen bin, hab ich im Traum einen Horror nach dem anderen erlebt.«

»Mir ist's ähnlich gegangen«, gestehe ich.

»Ist doch klar«, findet Lilly. »Aber Moheefas Entführung hat mir noch bei etwas anderem geholfen. Jetzt weiß ich nämlich ganz sicher, bei wem ich wohnen will.«

Gespannt sehen wir sie an.

»Als sie weg war, ist mir klar geworden, dass ich mich auf gar keinen Fall von ihr trennen will. Und von den anderen Pferden auch nicht«, erklärt sie. »Außerdem möchte ich nicht in einer Stadt leben, wo alles so eng und hektisch ist. Darum werde ich auf der Kayersburg bleiben. Da hab ich auch meinen Papa und meine Freundinnen und die Katzen. Ich muss auch nicht die Schule wechseln. Zwar wird meine Mutter ...«

Jetzt bleibt ihr die Stimme weg. Aber sie fängt sich wieder und fährt fort: »Also, meine Mama wird zwar sehr traurig sein. Aber einen von beiden muss ich sowieso enttäuschen. Und ich kann sie ja in den Schulferien besuchen, genau wie ... genau wie unsere Hunde.«

Oh Mann, ich möchte absolut nicht in deiner Lage sein, denke ich mitleidig. Aber laut sage ich: »Du hast recht. Ich glaube, ich hätte genauso entschieden.«

Wir schweigen wieder für eine Weile. Lilly ist todtraurig, das kann man ihr deutlich ansehen. Aber mir fällt absolut nicht ein, wie ich ihr helfen soll. Und auch Tim sieht total ratlos aus.

Irgendwann fragt Lilly mit zittriger Stimme. »Warum müssen Liebesgeschichten immer so traurig ausgehen?«

»Wie meinst du das denn?«, fragt Tim.

»Meine Eltern haben sich doch mal geliebt«, erklärt sie. »Ich brauche mir nur ihre Hochzeitsfotos anzuschauen, dann weiß ich, wie glücklich sie damals gewesen sind. Aber jetzt ...« Sie seufzt leise. »Und sie sind ja wohl nicht die Einzigen, denen es so geht. Hannas Eltern leben doch auch getrennt, Vera und Philipps Vater ebenso.«

»Oma hat mir die Geschichte mal erzählt«, kläre ich sie auf. »Vera hat sich als Achtzehnjähige in einen Studenten verknallt, der am Waginger See Urlaub machte. Die beiden müssen eine tolle Zeit gehabt haben. Am Ende hat er ihr natürlich seine Telefonnummer gegeben. Doch als Vera ihn anrufen wollte, hat sie festgestellt, dass die Nummer falsch war. Er lebte auch nicht in Hamburg, obwohl er ihr das gesagt hatte. Oder er hatte ihr einen falschen Namen gegeben, jedenfalls war er nicht aufzufinden. Die Leitmayrs wissen bis heute nicht, wo er steckt. Aber kurz darauf bemerkte Vera, dass sie schwanger war. Tja ...«

»Wetten, der Typ hatte in Wirklichkeit eine Freundin?«, vermutet Lilly schockiert.

»Mit Sicherheit«, bestätigt Tim. »Also, der Kerl war ja wohl so was von rücksichtslos und egoistisch ... Und für Vera muss das ganz schlimm gewesen sein.«

»Das kann man ja wohl laut sagen«, sage ich. »Wenigstens lebten Veras Eltern damals noch. So haben praktisch vier Leute den kleinen Philipp großgezogen und sie konnte ihre Ausbildung als Pferdefachwirtin zu Ende machen. Darum, meint Oma, wäre eigentlich alles halb so schlimm gewesen. Doch seitdem hat Vera von Männern sowas von die Nase voll.«

»Das kann ich gut verstehen«, gibt Tim zu. »Aber bei deinen Eltern liegt der Fall ja wohl ganz anders.«

»Absolut«, versichere ich. »Die beiden waren sehr verliebt und das hat sich auch nach ihrer Hochzeit nicht geändert. Aber als ich ein paar Monate alt war, ist meine Mutter bei einem Verkehrsunfall gestorben.«

»Oje«, seufzt Lilly.

»Für meinen Vater war das alles viel schlimmer als für mich«, gestehe ich. »Manchmal denke ich, dass er ihr heute noch nachtrauert.«

»Es war bestimmt hart für ihn«, sagt Tim.

Ich nicke. »Überhaupt finde ich, dass du alles zu schwarz siehst, Lilly.«

»Stimmt«, unterstützt mich Tim. »Okay, in deiner Situation kann ich das ja verstehen. Aber sieh mal: Meine Eltern sind schon seit über zwanzig Jahren verheiratet und sie verstehen sich immer noch. Sie sind ein richtig gutes Team, beruflich und privat. Bei Mias Eltern klappt's doch auch, oder?«

»Ja klar«, bestätige ich. »Wenn ihr mich fragt, ist der Bauernhof der Steinbichlers mit seinen vielen Tieren ein richtig liebevolles, kuscheliges Zuhause.«

Ich schiele zu Lilly hinüber und denke: So etwas kannst du dir sogar von deinem vielen Geld nicht kaufen. Dabei hättest du es doch verdient!

»Wenn ich darüber nachdenke, finde ich, dass man der Liebe durchaus eine Chance geben darf«, beteuert Tim.

Dann sieht er mich an. Und ich versinke fast in seinen wunderschönen Augen; mein Herz fängt wie rasend an zu klopfen, plötzlich kann ich keinen klaren Gedanken mehr fassen. Denn in diesen Augen liegt ein Ausdruck, den ich dort noch nie gesehen habe, irgendetwas zwischen Bewunderung und einer absolut ehrlichen Sympathie. Oder sollte ich besser sagen ...

Oh Mann, das ist nicht wahr! Das kann doch überhaupt nicht wahr sein! Ausgerechnet heute, nach allem, was wir gestern erlebt haben!

»He! Nun hört mir doch endlich mal zu!«

Huch! Warum schreit Lilly denn so?

Mit gerunzelter Stirn sehe ich zu ihr hinüber und stelle mit Erstaunen fest, dass sich ein breites Grinsen über ihr Gesicht zieht.

»Na endlich«, sagt sie. »Ich hab gerade sage und schreibe drei Mal versucht, euch anzusprechen. Aber ihr habt mich so was von überhaupt nicht beachtet ...«

Ist das peinlich!

Neben mir wird Tim knallrot im Gesicht.

»Also, ich finde, dass ihr besser alleine um den Höglwörther See spaziert«, erklärt sie lächelnd. »Ich setze mich da drüben auf die Bank und warte, bis ihr wieder zurück seid. Okay?«

»Ja, äh ...«, stottert Tim. Und ich weiß überhaupt nicht, was ich sagen soll.

»Na los, ab mit euch!«, drängelt sie uns. »In einer Stunde holt uns Leopold doch schon wieder ab.« Ohne ein weiteres Wort dreht sie sich um und marschiert in Richtung Bank. Dabei schaut sie sich noch einmal um und ruft uns zu: »Viel Spaß, ihr beiden!«

»Ja okay«, murmelt Tim, der sich von seiner Verblüffung immer noch nicht erholt hat. »Äh ... wollen wir denn wirklich?«

»Na klar«, antworte ich.

Tatsächlich, wir gehen los. Dann nimmt er meine Hand, so zärtlich, dass mir ein Schauer über den Rücken läuft.

So spazieren wir gemeinsam um den Höglwörther See.

Marie Sonnleitner

Reiterhof Glückstal

Heubodentage und Lagerfeuernächte

Hanna und Mia verbringen ihre gesamte Freizeit auf Hof Glückstal, wo sie der Besitzerin Vera bei der Pflege der Tiere, vor allem der Haflinger, zur Hand gehen. Dafür dürfen sie reiten, so oft sie wollen. Doch als Vera Geldsorgen hat und den Hof fortan als Ferienpension führen möchte, bekommen die Freundinnen Angst. Was, wenn sie jetzt nicht mehr reiten können, weil die Feriengäste Vorrang haben? Und als dann die ersten Gäste in ihrem Alter eintreffen, Jan und Leonie, ist Ärger erstmal vorprogrammiert… Doch der Sommer ist lang. Ob ein Wanderritt, Übernachtungen auf dem Heuboden und der Trubel um eine entflohene Stute die Kinder zusammenschweißen können?

Arena

184 Seiten • Gebunden
ISBN 978-3-401-60429-9
www.arena-verlag.de

Ilona Einwohlt

Wild und wunderbar

Zwei Freundinnen gegen den Rest der Welt

Als Shark alias Sophie Hyazinth Amanda Ricarda Kornelius in der Wohnung unter ihr einzieht, steht Linns Welt Kopf. Denn die Neue sieht obercool aus mit ihren bunten Leggings und der karierten Haarsträhne und ist nie um einen frechen Spruch verlegen. Schon immer hat Linn sich eine Freundin gewünscht, die so selbstbewusst ist wie Shark. Nur wie soll sie es anstellen, dass die beiden Freundinnen werden? Sie, die schüchterne Linn, die täglich von der Mobbing-Clique drangsaliert wird? Doch Linn weiß noch nicht, dass auch Shark ganz dringend eine echte Freundin braucht …

Gegensätze halten zusammen (oder?)

Die schüchterne Linn und die quirlige Shark alias Sophie Hyazinth Amanda Ricarda Kornelius sind beste Freundinnen geworden. Jeden Tag hecken die beiden tolle Streiche aus. Wie praktisch, dass sie im selben Haus wohnen! Nichts auf der Welt kann sie jetzt noch trennen. Oder doch? Denn als der coole Phil neu in ihre Klasse kommt, dreht Shark völlig durch. Da bekommt Linn einen Liebesbrief, der endgültig alles durcheinander bringt …

240 Seiten • Gebunden
ISBN 978-3-401-60430-5
Beide Bände auch
als E-Book erhältlich.

Arena

232 Seiten • Gebunden
ISBN 978-3-401-60455-8
www.arena-verlag.de

Margot Berger

Die Pferde vom Friesenhof

Pferdefreunde fürs Leben

Am liebsten hätte Lea ihr Pferd Magic ganz für sich allein. Aber das geht auf einem Pferdehof mit so vielen Reitschülerinnen natürlich nicht. Dann passiert, was Lea befürchtet hatte: Eines der Mädchen bringt Magic immer wieder in Gefahr! Auch um den Traber Tipo steht es schlecht. Er kann nicht mehr auf der Rennbahn arbeiten und sein Besitzer will ihn loswerden. Was sollen Lea und Klara bloß tun? Enthält die Bände »Flucht bei Nacht und Nebel« und »Angst um Magic«.

Arena

288 Seiten • Gebunden
ISBN 978-3-401-45467-2
www.arena-verlag.de

Angela Waidmann

Zoe Das Glück hat vier Hufe

Kopfüber ins Abenteuer

Ihr Pony Filou und ihre Freundinnen aus dem Reitstall – mehr braucht Zoe nicht zum Glücklichsein. Dennoch ist es unheimlich spannend, als neue Pferde in den Stall einziehen. Showpferde! Nur die Besitzer der Tiere gefallen Zoe überhaupt nicht, vor allem der Sohn der Familie, Arpad. Wie er mit den Rassepferden umgeht, scheint nicht in Ordnung zu sein. Seine Schwester Maja wirkt allerdings ganz nett. Und als ein Problem mit Filou auftritt, ist sie vielleicht die einzige, die Zoe helfen kann.

Filmstars im Galopp

Auf Zoe warten die genialsten Sommerferien überhaupt. Gemeinsam mit Maja, Arpad und den Pferden wird sie bei einem richtigen Hollywoodfilm mitmachen! Wochenlang trainieren die drei Freunde mit Filou und Favory für den Dreh. Zoe ist schrecklich aufgeregt und selbst der coole Arpad zeigt Nerven. Schließlich tritt er zum ersten Mal in seinem Leben als echter Stuntreiter an. Auch auf Zoe warten Herausforderungen, mit denen sie nicht gerechnet hat.

Arena

192 Seiten • Arena- Taschenbuch
ISBN 978-3-401-51031-6
Beide Bände auch
als E-Book erhältlich

192 Seiten • Arena- Taschenbuch
ISBN 978-3-401-51055-2
www.arena-verlag.de

Federica de Cesco

Flammender Stern

Jenny und der junge Hengst „Flammender Stern" sind unzertrennlich. Miteinander erleben sie zahlreiche Abenteuer. Als aber Jennys Vater ums Leben kommt und Pferdehändler „Flammender Stern" zu ihrem Eigentum erklären, flüchtet Jenny mit ihrem geliebten Pferd in die Wüste. Eine lebensgefährliche Flucht beginnt...

Ein Pferd für mich

Cathys Vater hat eine Ranch im Reservat der Navajo-Indianer. Nach seinem Tod würde die unbezähmbare Cathy viel lieber bei den Indianern bleiben, als bei Mrs. Collins in Santa Fe zu leben. Als ihr eine Heirat aufgezwungen wird, flieht sie mit ihrem wilden Pferd Buster. Onathi, der Sohn des Häuptlings, hilft ihr, die Freiheit zu bewahren.

104 Seiten • Arena- Taschenbuch
ISBN 978-3-401-50980-8

160 Seiten • Arena- Taschenbuch
ISBN 978-3-401-51058-3
www.arena-verlag.de

Ilona Einwohlt

Erdbeersommer

Erdbeersommer

Erdbeerwettessen mit Kumpel Finn, Tagträumen in den Dünen mit ihrer besten Freundin Mareike und lange Ausritte auf dem geliebten Schimmel Hauke – Liv freut sich riesig auf die Ferien an der Nordsee! Auf dem Pferdehof ihrer Tante kann der Sommer nur perfekt werden. Als sie dann auch noch Jan kennenlernt, schlägt nicht nur ihr Pferdeherz höher. Auch wenn den Fußballstar und Mädchenheld sonst keiner so wirklich leiden kann, ist Liv sofort bis über beide Ohren verliebt. Doch Jan scheint ein Geheimnis zu haben, über das niemand im Ort reden will.

Unterm Sternenhimmel

Der Sommer beginnt mit einer Katastrophe: Eine schwere Sturmflut wütet an der Nordsee und stürzt Livs Ferienparadies ins Chaos. Der Friesenhof ist zerstört und Onkel Piet beschließt in seiner finanziellen Not, Livs geliebtes Pferd Hauke zu verkaufen. Unfassbar! Ein Leben ohne Hauke kann sich Liv nicht vorstellen. Kurzerhand entführt sie ihren Schimmel und haut von zu Hause ab – zusammen mit Kumpel Finn. Zu zweit starten sie in ein unvergessliches Sommerabenteuer.

232 Seiten • Klappenbroschur
ISBN 978-3-401-51114-6
Beide Bände auch
als E-Book erhältlich

Arena

248 Seiten • Klappenbroschur
ISBN 978-3-401-51115-3
www.arena-verlag.de

Jutta Beyrichen

Der Ruf der Pferde

Seit ihr bester Freund bei einem Reitunfall ums Leben gekommen ist, gibt es für Patricia nur noch Schmerz und Verzweiflung. Erst ein Urlaub im schottischen Hochland ändert alles für sie. Denn dort stößt die 14-Jährige auf die junge Stute Dallis, die genauso verstört zu sein scheint wie sie selbst. Behutsam versucht sie, das Pferd aus seiner Isolation zu befreien. Doch dann werden mit einem Schlag Patricias Bemühungen zunichtegemacht ...

Arena

312 Seiten • Arena- Taschenbuch
ISBN 978-3-401-50809-2
www.arena-verlag.de